우리 주 예수의 생애
The Life of Our Lord

✝

The Life OF OUR LORD

written for his children during the years 1846 to 1849 by Charles Dickens
first published. 1934 Simon and Schuster. New York.

**찰스 디킨스의
우리 주 예수의 생애**

지은이 | 찰스 디킨스
초판 발행 | 2025. 7. 23
등록번호 | 제1988-000080호
등록된 곳 | 서울특별시 용산구 서빙고로65길 38
발행처 | 사단법인 두란노서원
영업부 | 02)2078-3333 FAX | 080-749-3705
출판부 | 02)2078-3330

책값은 뒤표지에 있습니다.
ISBN 978-89-531-5147-5 03230

독자의 의견을 기다립니다.
tpress@duranno.com www.duranno.com

두란노서원은 바울 사도가 3차 전도여행 때 에베소에서 성령 받은 제자들을 따로 세워 하나님의 말씀으로 양육하던 장소입니다. 사도행전 19장 8-20절의 정신에 따라 첫째 목회자를 돕는 사역과 평신도를 훈련시키는 사역, 둘째 세계선교(TIM)와 문서선교(단행본·잡지) 사역, 셋째 예수문화 및 경배와 찬양 사역, 그리고 가정·상담 사역 등을 감당하고 있습니다. 1980년 12월 22일에 창립된 두란노서원은 주님 오실 때까지 이 사역들을 계속할 것입니다.

찰스 디킨스의
우리 주 예수의 생애

**The Life of
Our Lord**

서문

찰스 디킨스는 그의 아이들을 위해 《우리 주 예수의 생애》를 썼다. 1846년부터 1849년 사이, 《데이비드 코퍼필드》를 완성하던 무렵에 손수 이 책을 썼다. 그가 예수님의 생애에 관한 짧은 글을 썼으면서도 왜 대중에게 공개하지 않으려 했는지는, 그가 쓴 글에 잘 나타나 있다.

디킨스는 사망하기 전날 심각한 뇌출혈로 쓰러졌는데, 그 직전에 그는 존 M. 메이컴에게 편지를 썼다. 메이컴은 《에드윈 드루드의 비밀》의 어느 부분에 불경스러운 표현이 있다고 비판한 사람이었다.

디킨스가 그에게 보낸 편지의 마지막 단락, 어쩌면 그가 남긴 마지막 글에 그는 이러한 내용을 적었다.

"나는 항상 우리 구주의 삶과 가르침에 대해 존경하는 마음을 글로 표현하려 애써 왔습니다. 나는 진심으로 그렇게 생각하고, 그래서 우리 아이들을 위해 예수님의 이야기를 썼습니다. 내가 그 이야기를 읽어 준 덕분에 아이들은 글을 읽을 수 있기 훨씬 전부터, 아니 말을 할 수 있을 때부터 예수님의 생애를 알게 되었습니다. 그러나 나는 이것을 공공연하게 이야기한 적은 없습니다."

그는 원고의 일부를 스위스에서 썼다. 1846년 6월 28일, 그는 로잔에서 큰딸인 메이미 디킨스에게 편지를 보냈다.

"써야 할 어린이 신약성경이 절반 정도 남았단다. 그래서 나는 바로 펜을 들고 작업을 시작해서 끝마쳤어."

1868년, 막내아들 에드워드가 형을 만나러 호주로 갔을 때, 디킨스는 그에게 이렇게 편지를 썼다.

"네 책들 사이에 신약성경을 넣어 두었다. 네가 어릴 때 내가 예수님의 이야기를 쉬운 말로 써서 네게 들려주었지. 그때와 똑같은 이유와 바람으로 성경을 넣어 두었어. 성경은 과거에도, 앞으로도 세상에 존재하는 모든 책 가운데 가장 훌륭하단다."

찰스 디킨스는 생전에 《우리 주 예수의 생애》 출판을 허락하지 않았다. 그는 이 글이 자기 아이들에게 쓴 사적인 편지라고 생각했고, 이 글이 세상에 공개될 경우, 자신의 깊은 신앙심과 신념에 대해 공격을 받거나 변호해야 할 상황이 생길 수 있다고 염려했다.

디킨스가 한 성직자에게 보낸 편지에는 이렇게 적혀 있었다.

"신약성경을 저만큼 경외하거나 성경의 권위와 완전성에 대해 확신하는 사람은 많지 않을 것입니다. 저는 '문자'(글자 그대로 해석)에 집착하여 벌어지는 불필요한 논쟁들이 신앙이나 성경의 본질적인 의미를 흐리게 하지 않을까 매우 두렵고 조심스럽습니다."

디킨스의 처제인 조지나 호가스는 제임스 T. 필즈 부인에게 보낸 편지에서, 디킨스가 《우리 주 예수의 생애》를 어떻게 생각했는지를 이렇게 썼다.

"그가 아이들을 위해 쓴 작고 아름다운 신약성경에 대해 말씀드려야겠어요. 안타깝게도 이 책은 출판되지 않을 거예요. 그는 아이들이 아주 어릴 때 약 16개의 짧은 장으로 글을 썼답니다. 주로 누가복음을 바탕으로 썼지요. 매우 아름답고 감동적이었어요. 그는 이런 이야기는 단순해야 한다고 생각했어요. 그는 인쇄하지 않겠다고 했고, 저는 아이들이 글을 읽을 수 있을 때까지 이 이야기를 들려주곤 했답니다.

한 번은 찰스에게 출판은 하지 않더라도, 인쇄해서 적어도 가족만이라도 돌려 보는 게 좋지 않겠냐고 말했더니, 그는 한두 주쯤 생각해 보겠다고 했어요. 그런데 얼마 후 그는 출판은 물론 사적으로 인쇄하는 것도 허락하지 않겠다고 했답니다.

다만, 페기(디킨스 부인)나 아이를 위해서 사본을 만들 수는 있지만, 그 외 누구에게도 허락하지 않았지요. 그리고 이 원고나 사본을 절대 집 밖으로 들고 나가지 말라고 당부했죠. 그는 아주 강경했고, 우리는 그 뜻을 따를 수밖에 없었어요. 그가 세상을 떠난 후 원고는 제게 남겨졌고, 저는 곧바로 그의 딸인 메이미에게 주었습니다. 메이미는 이 원고를 가장 잘 보관할 수 있는 사람이라고 생각했거든요."

《우리 주 예수의 생애》를 완성했을 무렵, 디킨스에게는 여덟 명의 자녀가 있었다. 장남 찰스 주니어는 1837년에 태어났고, 막내 헨리 필딩은 1849년 1월에 태어났다. 시드니는 두 살이었고, 나머지 아이들은 네 살에서 열두 살 사이로, 자기 생각을 분명히 표현하고 호기심이 왕성했다. 찰스 디킨스는 종교와 신앙에 관한 아이들의 질문에 답하기 위해 예수 그리스도의 생애를 담은 이 짧은 글을 쓰기로 결심했다.

이 완성된 원고는 그 후 85년 동안 가보로 매우 소중하게 전해졌다. 조지나 호가스가 사망한 후 이 원고는 디킨스의 막내아들 헨리 필딩 디킨스 경에게 넘어갔다. 물론 "디킨스의 자녀가 살아 있는 동안에는 출판하지 말라"는 당부도 함께 전달되었다.

1933년 크리스마스를 앞두고, 헨리 경은 런던에서 세상을 떠났다. 그는 이런 유언을 남겼다.

"내 아버지의 《우리 주 예수의 생애》 원고는 아버지의 유언에 따라 조지나 호가스 이모에게 전해졌고, 또 내가 맡아 보관하게 되었다. 나는 다음과 같은 조건으로 내 아내에게 양도하고 유증한다. 나는 아버지의 뜻을 존중해 이 원고가 출판되지 않도록 노력해 왔지만, 아내와 아이들까지 이 뜻에 얽매이게 하고 싶지는 않다. 아버지의 유언에는 이 원고의 출판을 금지하는 명확한 지시는 없었다. 그러므로 내 아내와 아이들은 이 문제를 자유롭게 판단하기를 바란다. 만약 다수의 의견으로 출판하지 않기로 한다면, 아내가 이 원고를 영국박물관에 맡겼으면 한다. 그러나 출판하기로 결정한다면, 아내는 이를 신탁 형태로 판매하고, 그 수익을 자신와 모든 아이들에게 똑같이 나누기를 원한다."

결국 헨리 경의 아내와 자녀들은 다수결을 통해 출간을 선택했고, 이로써 찰스 디킨스의 《우리 주 예수의 생애》는 이 세상에 나오게 되었다.

❦ **미국에서 발행된 초판 서문** ❦

『일러두기』

a. 디킨스는 사랑하는 자녀에게 예수님의 생애를 들려주기 위해 이 글을 썼다. 원작에는 성경과 다르게 표현한 점, 해석상의 차이, 사실과 다른 서술이 몇 가지 있다. 그러나 출간되는 책에는 성경에 맞게 서술되어야 할 필요를 느껴서 되도록 성경에 맞게 수정하였다.

b. 선하고 아름다운 삶을 사신 예수님이지만 그분은 인류를 구하기 위해 오신 메시아다. 원작에는 그 부분이 분명히 드러나지 않아 예수님의 메시아 되심을 몇 문장 추가했다.

c. 예수님의 사역 순서와 비유 이야기, 사건 배열은 원작에 따랐다. 다만 제자들의 발을 씻기신 일은 최후의 만찬 때 일어났으므로 이 부분은 바로잡았다.

차 례

서문.	6
*1*장.	16
*2*장.	26
*3*장.	36
*4*장.	48
*5*장.	60
*6*장.	74
*7*장.	88
*8*장.	106
*9*장.	122
*10*장.	128
*11*장.	142

소중하고 사랑스러운 아이야,

나는 네가 예수 그리스도의 이야기를 알기를 간절히 원해. 그분은 세상 모든 사람을 끝없이 사랑하시는 분이거든. 그분처럼 선하고, 친절하고, 온유한 분은 이 세상에 없단다. 그분은 아픈 사람, 괴로운 사람, 심지어 잘못을 저지른 사람도 불쌍히 여기시지.

예수님은 지금 천국에 계셔. 천국은 우리가 죽은 후에 가는 곳이란다. 천국에서 우리는 다시 만나 행복하게 지내게 될 거야. 예수님이 누구시고 무슨 일을 하셨는지 알아야 천국이 얼마나 좋은 곳인지도 상상할 수 있을 거야.

아주아주 오래 전, 2000년 전에 베들레헴에서 아기 예수님이 태어나셨어. 예수님의 아버지 이름은 요셉, 어머니 이름은 마리아야(예수님은 성령으로 잉태되어 동정녀 마리아에게서 나셨단다).

예수님의 부모님은 나사렛에서 살고 있었어. 어느덧 마리아가 아기 낳을 때가 가까워지고 있었단다. 그런데 로마 황제가 내린 인구조사 명령 때문에 고향인 베들레헴으로 가야 했지.

사람들이 한꺼번에 베들레헴에 몰려오자 빈 방이 없었대. 그래서 요셉과 마리아는 마구간에 묵게 되었고, 거기서 마리아는 예수님을 낳아야 했지. 마구간엔 예수님이 누울 요람이 없어서 마리아는 작고 예쁜 예수님을 구유에 뉘었어. 말이나 소 같은 가축들의 먹이통인 구유에 말이야. 그곳에서 아기 예수는 새근새근 잠이 들었단다.

그날 밤, 들판에는 양을 지키던 목자들이 있었어. 그런데 아름다운 천사가 눈부신 빛을 발하며 들판을 가로질러 오는 게 아니겠니? 목자들은 너무 무서워서 얼굴을 가리고 엎드렸지. 천사가 목자들에게 말했어.

"오늘 이 근처 베들레헴에서 한 아기가 태어났어요. 아기의 이름은 예수입니다. 그 아기는 자라서 이 세상을 구원하게 될 거예요. 하나님은 아들이신 그분을 너무나 사랑하십니다. 예수님은 사람들에게 서로 사랑하라고 가르치고, 다투거나 해치지 말라고 하실 것입니다.

사람들은 그분의 이름을 부르며 기도할 거예요. 왜냐하면 예수님이 하나님과 인간 사이를 연결해 주는 유일한 분이니까요. 하나님이 예수님을 사랑하시고, 그들도 예수님을 사랑해야 한다는 걸 알게 될 거예요."

천사는 목자들에게 아기를 찾아가 보라고 했어. 목자들은 한걸음에 마구간으로 달려가서는 자고 있는 아기 앞에 무릎을 꿇었지.

"이 아기에게 하나님의 은총이 가득하기를!"

당시 예루살렘은 그 나라에서 가장 중요한 도시였어. 영국에서 런던이 중요한 도시인 것처럼 말이야. 예루살렘에 헤롯왕이 살고 있었단다.

어느 날 멀리 동방에서 현자(지혜로운 사람)들이 왕에게 찾아왔어.

"우리가 하늘에서 별을 보았습니다. 그 별이 왕으로 태어나신 어떤 아기를 가리키고 있습니다. 그분은 자라서 모든 사람의 사랑을 받을 것입니다."

이 말을 들은 헤롯은 질투심에 불탔어. 헤롯은 악한 사람이었단다. 그는 당장 아기를 죽여야겠다고 생각했지만 겉으로는 아닌 척했지. 헤롯이 물었어.

"그 아기가 어디 있는지 아십니까?"

현자들은 대답했어.

"저희도 모릅니다. 하지만 별이 우리를 안내해 줄 것입니다. 이 별을 따라가면 그 아기를 찾을 수 있겠지요."

"그 아기를 찾으면 저에게도 알려 주세요. 저도 아기에게 경배드리고 싶습니다."

현자들은 별을 따라 길을 나섰어. 별은 현자들보다 조금 앞서가며 움직이다가 베들레헴의 마구간 위에 멈추었지. 이것은 신기하고 놀라운 일이지만, 사실은 하나님이 하신 일이란다.

현자들이 안으로 들어가니 어여쁜 아기와 어머니 마리아가 있었어. 그들은 온 마음과 정성을 다해 준비한 선물을 아기 예수님에게 드렸어. 현자들은 집으로 돌아갈 때 헤롯에게 들르지 않았단다. 왜냐하면 그들은 헤롯이 질투심에 불타고 있다는 것을 알고 있었으니까. 하나님의 천사가 요셉과 마리아에게 나타나 말했어.

"아기를 데리고 이집트로 가세요. 헤롯이 아기를 죽이려 합니다."

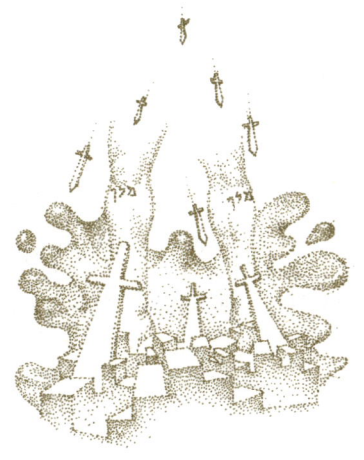

그들은 부지런히 짐을 싸서 이집트로 피신했어. 현자들이 오지 않자 헤롯은 몹시 화를 냈어. 당장 군인들을 불러서 명령했지.

"두 살 이하의 모든 남자 아이들을 죽여라!"

너무나 끔찍하고 잔인한 명령이었어. 군인들은 아기를 안고 달아나는 어머니들을 쫓아가 칼로 죽였어. 심지어 동굴이나 지하에 숨은 아기들까지 샅샅이 찾아내 죽였지. 이 끔찍한 살육은 '무고한 자들의 죽음'이라고 불렸어. 아기들은 죄가 없는 순수한 존재들이었으니까.

헤롯은 아기 예수님이 군인들의 칼에 죽었기를 간절히 바랐어. 정말 아기 예수님은 군인들에게 죽임을 당했을까? 다행히도 그분은 무사히 이집트로 탈출했지. 그 뒤 예수님은 부모님과 함께 이집트에서 사셨단다. 악하고도 악한 헤롯이 죽을 때까지 말이야.

2.

마침내 헤롯왕이 죽었어. 천사가 요셉에게 나타나 말했어.

"이제 아기는 안전하니 유대 땅으로 가세요."

요셉과 마리아는 예수님을 데리고 예루살렘을 향해 길을 떠났어. 그런데 도중에 헤롯의 아들이 새로운 왕이 되었다는 소식이 들리는 거야. 그들은 새 왕이 예수님을 해치지 않을까 걱정되어서 나사렛으로 갔어. 예수님은 나사렛에서 어린 시절을 보냈단다.

예수님이 열두 살이 되던 해였어. 매년 열리는 절기 행사인 유월절에 예수님과 부모님은 예루살렘 성전에 올라갔어. 성전이란 교회 아니면 성당 같은 곳이야. 행사가 끝난 뒤 그들은 친척과 사람들과 함께 나사렛으로 돌아가려고 길을 나섰지. 당시에는 길이 위험하고 강도가 많아서 사람들이 한데 모여 여행을 했거든.

요셉과 마리아 일행은 계속 길을 걸었어. 하룻길을 갔는데 예수님이 일행 중에 없는 거야. 처음엔 예수님이 다른 사람들과 함께 있는 줄 알았지. 요셉과 마리아는 걱정에 휩싸여 곧바로 예루살렘으로 돌아가 예수님을 찾고 또 찾았어. 3일 뒤 부모님은 성전 뜰에서 예수님을 찾았어. '율법 교사'라 불리는 학자들과 하나님의 선하심에 대해 이야기를 주고받고 계셨지. 학자는 율법과 신학에 정통한 사람이란다. 예수님의 말과 생각이 얼마나 깊고 지혜로운지 학자들은 감탄을 자아냈지.

예수님은 부모님과 함께 나사렛으로 돌아가 서른 살 정도가 될 때까지 살았어. 당시에는 요한이라는 훌륭한 사람도 살고 있었어. 그는 마리아의 친척인 엘리사벳의 아들이야. 요한은 악하고 자기 이익만 생각하며 서로 싸우고, 하나님을 섬기는 일을 소홀히 하는 사람들을 향해 외쳤단다. "회개하라! 천국이 가까이 왔다!"라고 말이야.

요한은 사람들이 하나님께 돌아오도록 무척 애썼어. 그는 소박하면서도 절제하는 삶을 살았어. 그는 자기 욕심을 챙기지 않았지. 그는 낙타 가죽 옷을 입고, 들에서 사는 메뚜기와 들꿀을 먹으며 살았어. 너희는 예루살렘 근처 광야에 사는 메뚜기를 본 적이 없을 거야. 예루살렘은 여기에서 아주 먼 곳이지. 들꿀은 곤충과 벌들이 속이 빈 나무에 남겨둔 꿀이고. 낙타는 본 적이 있을 거야. 사람들이 이곳에도 낙타를 가져오곤 하니까. 낙타를 보고 싶다면 아버지가 보여 줄 수 있어.

요한은 예루살렘 근처에 있는 요단강에서 사람들에게 세례를 주었어. 세례받은 사람들은 자신의 잘못을 뉘우치며 이제부터 더 나은 사람이 되겠다고 약속했지. 요한은 많은 사람들에게 세례를 베풀었단다.

그러던 어느 날 예수님이 요한을 찾아왔어. 요한은 예수님을 보고 깜짝 놀라 말했어.

"저에게 세례를 받으시겠다니요! 당신은 거룩한 분 아니십니까?"

하지만 예수님은 이렇게 말씀하셨지.

"지금은 그렇게 하는 게 옳다. 허락하라."

요한은 예수님에게 세례를 베풀었어. 예수님이 세례를 받자 하늘이 열리고 성령이 비둘기처럼 예수님 위에 임했어. 하늘에서 하나님의 음성도

들렸단다.

"이는 내가 사랑하는 아들이다. 내가 그를 매우 기뻐한다!"

그 후 예수님은 광야라 불리는 거칠고 황량한 땅으로 가서 사십 일 동안 금식하며 기도하셨어. 예수님은 사람들이 올바른 삶을 살 수 있도록 그들을 잘 가르치게 해달라고 기도하셨어.

광야에서 돌아오신 후 예수님은 사람들을 고치기 시작했어. 병자에게 말씀하거나 손을 얹기만 해도 병이 나았지. 보지 못하던 사람이 눈을 뜨고, 듣지 못하던 사람의 귀가 열리고, 말 못하던 사람이 말하고, 절뚝거리던 사람이 걷는 일들 말이야. 이러한 놀라운 일들을 "예수 그리스도의 기적"이라 불러. 나는 네가 이 말을 꼭 기억했으면 해. 앞으로도 이 단어는 많이 나올 거거든. 기적은 하나님의 허락과 도우심 없이는 일어날 수 없는 놀라운 일이란다.

예수님은 가나(이스라엘 북부의 소도시) 마을 결혼 잔치에서 첫 번째 기적을 행하셨어. 예수님은 어머니 마리아와 함께 잔치에 참석했지. 그런데 잔치

중에 포도주가 바닥이 난 거야. 마리아는 이 사실을 예수님에게 전했어. 그곳엔 돌항아리 여섯 개만 있었단다. 예수님은 하인들에게 그 항아리에 물을 채워 연회장에 갖다 주라고 했어. 그런데 이게 웬일이야. 항아리에서 물을 따르니, 거기서 포도주가 나오는 게 아니겠어? 그 기적으로 잔치에 참석한 모든 사람이 맛좋은 포도주를 마실 수 있었단다.

하나님은 예수님에게 이렇게 놀라운 능력을 주셨어. 예수님이 기적을 베푸신 이유가 궁금하지? 그건 사람들에게 예수님이 평범한 사람이 아니라 하나님이 보내신 아들임을 알리기 위해서야. 예수님이 가르치는 말씀을 사람들이 믿도록 말이야.

많은 사람들이 이 이야기를 알게 되었어. 그리고 예수님이 병자들을 고치셨다는 소문은 점점 퍼져 나갔어. 사람들은 큰 무리를 지어 예수님이 가시는 데는 어디든 따라다녔단다.

3.

예수님은 함께 일할 열두 명의 사람들이 필요했어. 예수님과 함께 다니며 복음을 전하고 사람들을 가르칠 일꾼들 말이야. 예수님이 부르신 일꾼들은 가난하고 평범한 사람들이었어. 이 열두 명을 우리는 '제자' 또는 '사도'라고 부른단다.

예수님은 왜 가난한 사람들을 제자로 택하셨을까? 그 이유는, 가난한 사람들도 부자와 똑같이 천국에 갈 수 있기 때문이야. 그리고 하나님은 명품을 입은 부자나 누더기를 걸친 가난한 사람들을 차별하지 않으신다는 사실을 보여 주신 거야. 세상에서 가장 천하고, 보잘 것 없고, 병들고, 불쌍한 사람이라 할지라도 이 땅에서 주님을 믿고 선하게 살면 천국에서는 가장 빛난 존재가 될 수 있단다.

사랑하는 아이야, 네가 커서 어른이 되어도 절대 잊지 말아야 할 것이 있어. 그게 뭐냐고? 그건 가

난한 남자나 여자, 아이들에게도 절대 거만하게 굴거나 냉정하게 대해서는 안 된다는 거야. 혹시 그들의 행실이 좋지 않다고 해도 말이야. 왜냐고? 그들에게 좋은 친구와 따뜻한 부모가 있고, 그들이 더 나은 교육을 받았다면 아마 괜찮은 사람이 되었을지도 모르거든. 그러니까 그들을 친절한 말로 위로하고, 도와주어야 한단다.

만일 사람들이 가난하고 불쌍한 사람들을 비난한다면 그때 예수님을 떠올려 봐. 예수님은 그런 사람들과 함께하셨고 보살펴 주셨잖아. 그러니까 너도 언제나 그들을 불쌍히 여기고 최대한 좋게 생각하도록 노력해야 해.

예수님의 열두 제자의 이름은 시몬 베드로, 안드레, 세베대의 아들 야고보, 요한, 빌립, 바돌로매, 도마, 마태, 알패오의 아들 야고보, 다대오, 시몬, 그리고 가롯 유다야. 가롯 유다는 나중에 예수님을 배반할 사람이지. 베드로, 안드레, 야고보, 요한은 가난한 어부였단다.

어부들이 배에서 내려와 그물을 손질하고 있을 때였어. 예수님은 베드로의 배에 올라가 말씀하셨지.

"깊은 곳으로 가서 그물을 내려 물고기를 잡으라."

"선생님, 우리가 밤새도록 애썼지만 물고기를 잡지 못했습니다. 그러나 선생님의 말씀대로 해보겠습니다."

베드로가 그대로 하자. 그물 안은 물고기로 가득 찼어. 물고기가 얼마나 많은지 베드로가 친구들에게 도와달라고 할 정도였지. 그들은 힘을 합쳐 겨우 그물을 끌어올릴 수 있었어. 어부들은 너무나 놀라 할 말을 잃고 말았지.

그때 예수님이 말씀하셨어.

"나를 따르라."

그들은 모든 것을 버려두고 예수님을 따라갔단다. 열두 제자는 언제나 예수님과 함께 다녔지.

많은 사람이 예수님의 말씀을 듣고 싶어 했어. 예수님은 산 위로 올라가셔서 그들을 위해 말씀을 들려주셨지. 그리고 "이렇게 기도하라"며 기도를 가르쳐 주셨어. "하늘에 계신 우리 아버지여 이름이 거룩히 여김을 받으시오며……"로 시작하는 주기도문(Lord's Prayer) 말이야. 예수님이 가르쳐 주셨기에 '주기도문'이라고 부르는 거야. 이 기도는 우리가 하나님께 드릴 수 있는 가장 아름답고 온전한 기도란다.

예수님이 산에서 내려오시자, 한 나병환자가 다가왔어. 나병은 당시에 흔한 병으로, 피부에 희거나 붉은 점 또는 종기 등이 생겨 하얗게 변하는 무서운 병이야. 그들은 사람들에게 돌을 맞았고 동네에서 쫓겨나 외롭게 살아야 했지.

나병환자가 말했어.

"주님, 원하시면 저를 고쳐 주실 수 있습니다."

예수님은 한없이 자비로운 분이셔서 그에게 손을 내밀어 말씀하셨어.

"내가 원하노니 깨끗해져라."

그 순간, 그의 몸은 씻은 듯이 깨끗해졌어. 부스럼 투성이 피부가 매끈하게 변했단다.

어느 날 예수님은 가버나움(이스라엘 북서쪽 해안에

있는 도시)의 어느 집에 들어가셨어. 언제나 그랬듯 많은 사람들로 집안이 붐볐지. 예수님이 집 안에서 말씀을 전하고 계시는데 네 사람이 지붕에 구멍을 내고 침상에 누워 있는 중풍병자를 줄에 매달아 아래로 내렸어. 너무 많은 사람들이 그 집을 에워싸고 있어서 예수님에게 갈 수 없으니까 이런 방법을 쓴 거야. 중풍에 걸린 이 사람은 온몸이 떨리고 움직일 수 없을 정도로 심하게 아팠어. 예수님은 그 사람을 보시고 그를 불쌍히 여기셨어.

"일어나 네 침상을 들고 집으로 가라."

그 즉시 그는 자리에서 벌떡 일어났어. 그러고는 감사와 찬양을 드렸단다.

또 이런 일도 있었어. 백부장(백 명의 군인을 거느리는 지휘관)이라 불리는 로마의 장교가 예수님에게 와서 말했어.

"주님, 제 하인이 중병에 걸려 누워 있습니다."

예수님이 "내가 그를 고치러 가겠다"고 하셨어. 그러자 백부장은 이렇게 대답했지.

"주님, 저는 감히 주님을 제 집에 모실 자격이 없습니다. 말씀만 하시면 제 하인이 나을 줄 믿습니다."

예수님은 그의 깊은 믿음을 보고 무척 기뻐하셨어.

"가거라. 네 믿음대로 될 것이다."

그 순간부터 하인의 병은 깨끗이 나았단다.

예수님을 찾아온 많은 사람 중에는 회당장이 있었어. 회당장은 회당(하나님을 예배하고 율법을 배우는 곳)의 책임자야. 회당장은 예수님 앞에서 눈물을 흘리며 말했어.

"주님, 제 착하고 예쁜 딸이 방금 죽었습니다. 하지만 예수님이 그 아이 몸에 손을 얹으시면 살아날 것입니다. 우리는 딸을 너무 사랑합니다. 제발 그 아이를 살려 주세요."

예수님은 제자들과 함께 그의 집으로 가셨어. 많은 사람들이 울고, 또 슬픈 음악이 흐르고 있었지. 예수님이 아이를 살펴보셨어. 그러고는 슬퍼하는 부모에게 이렇게 말씀하셨어.

"이 아이는 죽은 것이 아니라 잠들었을 뿐이다."

예수님은 방 안의 사람들에게 모두 나가라고 하셨어. 방 안이 조용해지자, 예수님이 소녀에게 다가가 손을 잡고 "아이야 일어나라" 하셨지. 그러자 소녀가 잠에서 깨어난 아이처럼 눈을 비비고 부스스 일어나는 게 아니겠어!

아이의 부모는 소녀를 얼싸안고 기쁨의 눈물을

흘렸어. 그리고 하나님과 예수님께 감사를 드렸단다.

예수님은 언제나 자비롭고 따뜻하신 분이야. 선하고 아름다운 일을 많이 하셨고, 하나님을 사랑하는 법과 천국에 가는 법을 가르쳐 주셨지. 그래서 사람들은 그분을 "우리의 구세주"라고 불렀단다.

예수님이 기적을 행하시던 때에 '바리새인'이라 불리는 사람들이 있었어. 그들은 자존심이 무척 세고, 자기들만이 최고라고 믿었어. 바리새인들은 예수님을 믿지 않았지만, 예수님의 말씀과 행하신 일을 보고 두려워했어. 예수님이 바리새인보다 훨씬 더 잘 가르치셨거든.

어느 날, 안식일에 있었던 일이야. 안식일은 유대인이 쉬며 지키는 날로 금요일 해질 무렵부터 토요일 해질 때까지를 말해. 유대인은 이날을 매우 중요하게 여긴단다. 안식일에 예수님이 제자들과 함께 들판을 지나가고 계셨어. 그런데 배고

픈 제자들이 들판에서 자라는 이삭을 조금 따 먹었지 뭐야. 바리새인들은 잘못한 일이라고 비난했단다.

또 다른 안식일에 예수님이 회당이라 부르는 예배당에 들어가셨어. 거기에는 손이 마르고 오그라든 가엾은 사람이 있었어. 때는 이때다 하듯 바리새인들이 또 예수님을 비난하기 시작했어.

"안식일에 사람을 고쳐도 되는 것인가요?"

예수님은 이렇게 대답하셨어.

"당신들 중 누가 양 한 마리를 키우는데, 그 양이 구덩이에 빠졌다면 안식일에라도 끌어내지 않겠느냐? 사람이 양보다 훨씬 귀하지 않느냐?"

예수님은 가엾은 사람에게 말씀하셨어.

"네 손을 내밀어라."

그 사람이 손을 내밀자 오그라졌던 손이 쭉 퍼졌지. 예수님은 사람들에게 말씀하셨어.

"어떤 날이든, 선한 일은 언제나 해야 한단다."

그 일이 있은 뒤 예수님은 나인(이스라엘 북부의 작은 도시)성으로 들어가셨어. 언제나처럼 많은 사람들이 예수님을 따라오고 있었지. 병든 가족, 친구, 아이를 데리고 온 사람들이었어. 그들은 예수님이 지나가실 때 외쳤어.

"제 아이를 고쳐 주세요!"
"제 친구를 고쳐 주세요!"

예수님이 병자들의 아픈 곳을 만지자, 그들은 깨끗이 나았단다.

어느 날 예수님이 많은 사람들과 함께 가시다가 성문 근처에서 한 장례 행렬과 마주치셨지. 긴 천으로 온몸을 감싼 사람을 사람들이 들것에 메고 나오더라고. 죽은 사람은 어느 과부의 외아들이었어. 그의 어머니는 하염없이 울고 있었단다. 많은 사람들이 그 어머니를 위로했어.

예수님은 한없이 울고 있는 그 어머니를 보시고 무척 마음 아파하셨어. 그래서 어머니에게 다가가 이렇게 말씀하셨지.

"울지 마세요."

예수님의 말에 장례 행렬이 잠시 멈췄어. 예수님은 청년에게 손을 대시며 말씀하셨어.

"젊은이여, 일어나라!"

그때 누워 있던 청년이 일어나 앉는 게 아니겠어? 심지어 말까지 했어. 예수님은 그 청년을 어머니에게 보내셨어.

죽었던 아들이 살아났으니 그 어머니는 얼마나 놀랍고 기뻤을까! 지켜보던 모든 사람이 하나님을 찬양했단다. 그 사이, 예수님은 조용히 그곳을 떠나셨지.

예수님은 수많은 사람들을 피해 배를 타고 조용한 곳으로 향하셨어. 배 위에 앉으신 예수님은 곤히 잠드셨고, 제자들은 그 곁에 있었어.

그런데 갑자기 거센 폭풍이 몰아치는 거야. 그 바람에 파도가 쳐서 배 안은 온통 물바다가 돼 가고 있었어. 파도가 얼마나 사납게 치솟는지 제자들은 겁에 질려 예수님을 마구 흔들며 깨웠어.

"주님, 우리를 구해 주세요!"
"우리가 죽게 생겼습니다!"

잠에서 깨어나신 예수님이 바다와 바람을 향해 손을 들고 말씀하셨어.

"잠잠하라! 고요하라!"

그 순간 바람은 멈추고 바다는 잠잠해졌지. 배도 잔잔한 물살을 헤치며 다시 나아갔단다.

강 건너편에 도착하자, 예수님 일행은 외딴 무덤가를 지나가게 되었어. 그곳엔 무덤가에 사는 귀신들린 자가 있었어. 그는 무덤가에서 밤낮으로

괴성을 질렀어. 피투성이가 될 정도로 자기 몸을 돌로 찧기도 했어. 그는 힘이 얼마나 센지 묶어 놓은 쇠사슬도 금방 끊어버릴 정도였어.

그가 멀리서 예수님을 보자 이렇게 외쳤어.

"하나님의 아들이시여! 제발 저를 괴롭히지 마십시오!"

예수님은 그가 악한 영에 사로잡힌 것을 알아보시고, 그 악한 영을 꾸짖으셨어. 그러자 귀신들린 자의 몸에서 나온 귀신이 근처에 있던 돼지 떼에게 들어갔어. 그 돼지들은 절벽 아래로 뛰어내려 바다에 빠져 죽고 말았단다.

예수님이 병자들을 고치신다는 소문이 쫙 퍼졌어. 보지 못하던 사람이 눈을 뜨고, 듣지 못하던 사람의 귀가 열리고, 말 못하던 사람이 말하고, 절뚝거리던 사람이 걷는 일들이 말이야. 이를 보고 예수님을 따르는 사람들도 점점 더 많아졌단다.

예수님에 관한 소식은 멀리 헤롯 아켈라오에게까지 퍼졌어. 헤롯 아켈라오가 누구냐고? 아기 예수님을 질투해 죄 없는 두 살 아래 아기들을 죽인 악한 헤롯 대왕의 아들이야.

헤롯은 확신하며 말했어.

"예수는 세례 요한의 친구다!"

요한도 기억하지? 낙타 가죽 옷을 입고 들꿀을 먹던 그 선지자 말이야. 이때 요한은 감옥에 갇혀 있었어. 왜냐고? 요한이 헤롯의 잘못을 지적했기 때문이었지.

헤롯의 생일이 되어 한창 잔치가 벌어졌을 때야. 헤로디아(헤롯의 아내)의 딸이 아버지를 기쁘게 하려고 멋진 춤을 추었어. 헤롯은 그 춤이 너무나 마음에 들어서 딸에게 약속했지.

"네가 원하는 것은 무엇이든 주겠다!"

그녀가 소원을 말했어.

"세례 요한의 머리를 쟁반에 담아 주세요."

이 소원은 요한을 몹시 미워한 헤로디아가 시킨 일이었어. 헤롯은 무척이나 망설였어. 그를 죽이고 싶지 않았거든. 하지만 사람들 앞에서 자기가 약속을 했기 때문에 말을 바꿀 수 없었지. 결국 그는 군사들을 시켜 요한의 목을 베었어. 그리고 요한의 머리를 쟁반에 담아 딸에게 주었단다.

그 끔찍한 소식은 요한의 제자들에게 전해졌어. 그들은 요한의 시신을 가져다 장례를 지낸 뒤, 예수님에게 그 소식을 알렸지. 예수님은 이 소식을 들으시고, 제자들과 함께 다른 지역으로 떠나셨단다.

5.

어느 날 바리새인 시몬이 예수님을 식사에 초대했단다. 예수님이 식탁에 앉아 계시는데, 갑자기 한 여인이 살며시 집 안으로 들어오지 뭐야. 그녀는 죄를 많이 지어서인지, 하나님의 아들이신 예수님 앞으로 나서는 걸 부끄러워했어. 하지만 그녀는 예수님이 선하시고, 잘못을 뉘우치는 사람에게 자비를 베푸시는 분이라는 걸 잘 알고 있었어. 그래서 용기를 내어 예수님 쪽으로 다가가 그분 발아래에 엎드렸지.

그녀는 자신의 눈물로 예수님의 발을 적셨어. 또 자신의 머리카락으로 그 발을 닦고, 향기로운 기름이 담긴 옥합을 꺼내어 예수님의 발에 부었단다.

지켜보던 바리새인 시몬은 마음속으로 이렇게 생각했지.

'이 여인이 어떤 사람인지, 얼마나 죄가 많은지 모르는 모양이로군……. 왜 그녀가 자신의 몸에 손을 대도록 놔두는 걸까?'

예수님은 시몬의 마음을 꿰뚫어 보시고, 이렇게
말씀하셨어.

"시몬아, 만약 어떤 사람에게 5000만 원 빚진 자
와 500만 원 빚진 자가 있었다고 해보자. 둘 다 갚
을 능력이 없어서 그 빚을 모두 면제해 주었다면,
누가 더 그 사람을 사랑하는 것이냐?"

시몬이 대답했어.

"더 많은 빚을 면제받은 사람이지요."

예수님이 말씀하셨어.

"맞다. 이 여인은 큰 죄를 용서받았기에, 하나님을 더 많이 사랑하는 것이다."

예수님이 그 여인에게 말씀하셨어.

"하나님이 너의 죄를 용서하셨다!"

사람들은 모여 수군거렸어.

"어떻게 이 사람이 여인의 죄를 용서한다고 말하는가?"

그러나 그것은 하나님이 예수님에게 주신 권세였

지. 그 여인은 예수님께 감사하며 조용히 그 자리를 떠났단다.

이 이야기를 통해 우리는 무엇을 배울 수 있을까?

누구든 잘못을 저지른 사람이 진심으로 자신의 죄를 고백한다면 반드시 용서해 주어야 한다는 거야. 심지어 그들이 직접 와서 사과하지 않더라도 말이야. 우리는 그들을 미워하거나, 복수하거나, 비난하지 말아야 해. 우리가 하나님께 용서받기 원한다면, 우리도 다른 사람을 용서해야 하거든.

그 뒤 유대인의 큰 축제가 열렸고, 예수님은 예루살렘으로 가셨어. 예루살렘의 양문(Sheep Gate, 예루살렘 성벽 북쪽에 있던 문) 옆에는 '베데스다'라는 연못이 있었어. 그 못 주위에는 다섯 개의 기둥이 있었고, 거기에 많은 병자들과 불구자들이 모여 있었지. 사람들은 천사가 가끔 이 연못에 내려와 물을 움직이게 한다고 믿었어. 어떤 병에 걸렸든 제

일 먼저 들어간 사람의 병은 깨끗이 낫는다는 소문이 자자했지.

병자들 중에 무려 38년 동안 병으로 누워 있는 사람이 있었단다. 간병인도 없이 혼자 누워 있는 모습을 보신 예수님은 그를 불쌍히 여기셨지.

예수님이 그에게 물으셨어.

"네가 낫기를 원하느냐?"

그는 이렇게 대답했어.

"물이 움직일 때 저를 물에 넣어 줄 사람이 없습니다. 다른 사람들이 저보다 먼저 들어갑니다."

예수님이 말씀하셨어.

"일어나라! 네 자리를 들고 걸어가라."

그 순간 그가 자리에서 일어나는 게 아니겠어! 그는 병이 낫자, 자리를 들고 그곳을 떠났단다.
지켜보던 유대인들, 특히 바리새인들은 예수님을 더더욱 미워했어. 왜냐고? 예수님이 안식일에 병을 고치시고, 사람들에게 "나는 하나님의 아들이다"라고 말씀하셨기 때문이야. 그들은 예수님이 사람들에게 말씀을 가르치고, 병을 고치는 모습을 보고 사람들이 자기들보다 예수님을 더 믿고 좋아하자 못마땅했던 거야.

그래서 그들은 예수님을 죽이려는 음모를 꾸몄단다.

"이 사람은 율법을 어긴다!"
"이 사람은 하나님을 모독한다!"

하지만 많은 사람들은 여전히 예수님을 따랐어. 그를 찬양했고, 병 낫기를 간구하고, 말씀 듣기를 원했단다. 예수님은 오직 선한 일만 하신다는 것을 알고 있었으니까.

예수님이 제자들과 함께 '갈릴리 호수' 건너편 언덕 위에 앉아 계실 때야. 수많은 사람들이 예수님에게 오는 것을 보셨어.

예수님이 제자 빌립에게 물으셨어.

"이 사람들을 먹일 음식을 어디서 구할 수 있겠느냐?"

빌립이 대답했지.

"주님, 빵을 2천만 원 어치 산다고 해도 이 많은 사람들에겐 턱없이 부족합니다."

다른 제자인 안드레가 말했어. 안드레는 베드로의 동생이야.

"여기 한 아이가 보리빵 다섯 개와 물고기 두 마리를 가지고 있습니다. 그러나 보잘것없는 이것이 이렇게 많은 사람들에게 무슨 도움이 되겠습니까?"

예수 그리스도께서 말씀하셨어.

"모두 자리에 앉으라고 하여라."

너른 풀밭에 수많은 사람들이 앉았어. 예수님이 빵을 들고 하늘을 우러러 감사기도를 드리셨어. 그러곤 빵을 떼어 제자들에게 나눠 주라고 하셨지. 기적이 일어난 건 다음이었어. 그 다섯 개의 빵과 두 마리의 물고기로, 남자만 오천 명, 여자와 아이들까지 합치면 훨씬 더 많은 사람이 배불리 먹고 남았지 뭐야. 남은 조각을 모으니 열두 바구니나 되었단다.

이것도 예수님이 행하신 기적 중 하나였어.

그 뒤 예수님은 제자들에게 먼저 배를 타고 갈릴리 호수를 건너가라고 하셨어. 그러고는 사람들을 다 보낸 뒤 혼자 남아 기도하셨지. 그렇게 밤이 깊어가고 있었어.

배에 올라탄 제자들은 부지런히 노를 저어 가고 있었단다. 그런데 갑자기 바람이 거세게 불고 파도가 치솟는 거야. 그때 물 위를 걸어오시는 예수님을 보자 제자들은 소스라치게 놀라 고함쳤어.

"으악! 귀신이다!"

모두 예수님을 보고 무서워했어. 곧 제자들에게 다가온 예수님이 말씀하셨어.

"두려워하지 마라. 나다."

베드로가 용기를 내어 말했어.

"주님, 주님이시라면, 저도 물 위로 걸어 주님께 가게 해 주세요."

예수님이 말씀하셨어.

"오너라!"

물 위를 몇 발자국 걷던 베드로는 이내 물에 빠져 버렸어. 왜냐고? 거센 바람과 파도를 보고 겁을 집어먹은 바람에 예수님을 잊어버린 거야.

그때 예수님이 손을 내밀어 그를 붙잡아 주시고는 배에 오르셨단다. 그 순간 바람이 멈추자, 제자들이 말했어.

"참으로 이분은 하나님의 아들이시다!"

그 뒤에도 예수님은 수많은 병자들을 고치셨어. 말 못하는 사람이 말하게 하시고, 보지 못하던 사

람이 보게 하시며, 절뚝거리던 사람을 걷게 하셨단다. 그리고 다시 한 번, 예수님을 따라다니느라

사흘 동안 제대로 먹지 못한 사람들을 위해 기적을 베푸셨어. 빵 일곱 개와 몇 마리의 물고기로 기도한 후 4천 명이 넘는 사람을 배불리 먹이셨지. 남은 음식이 얼마나 많은지 일곱 광주리나 되었단다.

이제 예수님은 제자들을 둘씩 짝지어 여러 마을과 도시로 보내셨어. 제자들은 그곳에서 사람들을 가르치고 예수님의 이름으로 병자를 고치는 기적을 일으켰어.

예수님은 제자들에게 이렇게 말씀하셨어.

"나는 예루살렘에 가야 한단다. 거기서 많은 고난을 당하고, 결국 죽게 될 것이다. 하지만 내가 죽은 지 사흘째 되는 날, 다시 살아나 하늘로 올라갈 것이다. 그곳에서 나는 하나님 오른편에 앉아, 하나님께 죄인들을 용서해 달라고 간청할 것이다."

예수님이 십자가에 달려 돌아가실 것을 말씀하신 지 엿새 뒤야. 예수님이 제자들 중 베드로, 야고보, 요한과 함께 높은 산에 올라가셨어. 그런데 예수님의 모습이 변화되었지 뭐야. 얼굴이 해처럼 빛나고, 입고 계시던 옷도 새하얗게 빛났어. 마치 천사와 같이 말이야. 그때 구름 속에서 소리가 났어.

"이는 내 사랑하는 아들이다. 너희는 그의 말을 들어라!"

깜짝 놀란 세 제자는 무릎을 꿇고, 얼굴을 땅에 대

었어. 이 장면은 예수님의 영광이 드러난 사건이야. 우리는 이것을 '예수님의 변모' 혹은 '변화산 사건'이라고 부른단다.

예수님과 세 제자가 산에서 내려왔을 때였어. 한 남자가 예수님의 발아래에 무릎을 꿇는 거야.

"주여, 제 아들을 불쌍히 여겨 주옵소서. 더러운 영이 그를 덮치면 그는 때로는 불 속에, 때로는 물 속에 넘어져 온몸이 상처와 흉터로 가득합니다. 주의 제자들 몇 사람이 그를 고치려 했으나, 실패했습니다."

예수님은 더러운 영을 꾸짖으시고 그 아이를 즉시 고쳐 주셨어. 지켜보던 제자들을 돌아보시며 이렇게 말씀하셨지.

"너희가 그를 고치지 못한 것은 너희 믿음이 작기 때문이다."

한 제자가 예수님에게 물었어.

"선생님, 천국에서는 누가 가장 큰 사람입니까?"

예수님은 한 어린아이를 품에 안으셨어. 그 아이를 제자들 가운데 세우시고 말씀하셨지.

"이 어린아이와 같이 자기를 낮추는 사람이 천국에서 가장 크단다. 누구든지 이런 아이 하나를 내 이름으로 맞아들이면 나를 맞이하는 것이다. 그러나 누구든지 이 작은 사람들 중 하나라도 죄의 유혹에 빠지게 한다면 차라리 목에 돌을 매달고 바다에 빠지는 것이 나을 것이다."

예수님은 어린이를 사랑하시고, 나아가 온 세상을 사랑하셔. 이 세상 어느 누구도 예수님처럼 모든 사람을 참되고 깊이 사랑한 분은 없단다.

어느 날 베드로가 물었어.

"주님, 누가 나에게 잘못을 하면, 몇 번이나 용서해야 합니까? 일곱 번이면 될까요?"

예수님이 대답하셨어.

"일곱 번이 아니라, 일흔일곱 번까지, 아니 그 이상이라도 용서해 주어라. 너희가 다른 사람을 용서하지 않으면서, 어떻게 하나님이 너희의 잘못을 용서해 주시기를 바랄 수 있겠느냐?"

그리고 예수님은 제자들에게 한 가지 이야기를 들려주셨지.

주인에게 큰 돈을 빚진 종이 있었어. 그 빚이 얼마나 큰지 도저히 갚을 수가 없을 정도였지. 어느 날 주인은 그 종을 노예로 팔아 버리겠다고 했어. 놀란 종은 주인에게 빚을 갚겠다고 조금만 참아

달라며 간절히 빌었지. 손이 발이 되도록 말이야. 그 모습을 가엾게 여긴 주인은 종의 빚을 모두 갚은 것으로 해 주었단다.

그런데 이 종이 자기에게 작은 빚을 진 친구를 만난 거야. 그러자 종은 친구의 멱살을 잡고는 감옥에 가두어 버렸지 뭐야. 주인이 자신의 빚을 모두 갚은 것으로 해준 일은 까맣게 잊고 말이야.

이 소식을 들은 주인은 그를 불렀어.

"이 악한 종아, 나는 너를 용서해 주었거늘, 너는 왜 네 친구를 용서하지 않았느냐?"

주인은 그 종을 용서하지 않고 경찰에게 넘겨주었단다.

예수님은 말씀하셨어.

"네가 다른 사람을 용서하지 않으면 하나님이 어찌 너희 죄를 용서하시겠느냐?"

이와 같은 구절이 주기도문에 나와 있어.

"우리가 우리에게 잘못한 사람을 용서하여 준 것 같이, 우리 죄를 용서해 주옵시고."

예수님은 제자들에게 또 다른 이야기를 들려주셨어.

포도원을 운영하는 한 농부가 있었어. 그는 아침 일찍 온 일꾼들에게 하루 동안 일하면 10만 원을 주기로 약속했지. 12시쯤 되자, 농부는 다른 일꾼들을 불렀어. 농부는 3시에도, 5시에도 나가서 일꾼들을 불렀지.

하루 일이 끝난 뒤, 농부는 모든 일꾼을 불러 똑같이 10만 원을 주었어. 그러자 아침부터 일한 일꾼들이 불만을 터뜨렸어. 왜 아침부터 와서 일한 자신들과 늦게 온 사람들 모두에게 같은 돈을 주냐고 말이야.

그러자 주인은 말했어.

"친구여, 내가 당신에게 10만 원을 주기로 약속하지 않았는가? 내가 다른 사람에게 똑같이 주었다고 해서 당신 몫이 줄어든 것도 아닌데, 어찌 그것이 불공평하단 말인가?"

이 이야기를 통해 예수님은 제자들에게 무엇을 가르치려고 하신 걸까?

천국은 우리의 노력이나 일한 양에 따라 보상받는 곳이 아니라 하나님의 은혜로 주어진단다. 예수 그리스도를 믿고 하나님의 은혜로 구원받은 사람은, 믿음의 열매로 착하고 선한 삶을 살아야 하는 거야. 물론 어릴 때 부모님의 돌봄을 받지 못했거나 삶이 힘들어서 잘못된 삶을 살아온 사람도 있지. 그런 사람도 진심으로 하나님께 용서를 구하고 하나님의 은혜를 받아들이면 천국에 들어갈 수 있다는 뜻이란다.

왜 예수님은 사람들에게 직접 말씀하시지 않고,

이야기를 들려주신 걸까? 그 이유는 사람들이 이야기를 통해 말씀을 더 잘 기억하길 바라셨기 때문이야. 이런 이야기들을 '비유'라고 부른단다. 나는 네가 '비유'(Parables)라는 말을 잘 기억했으면 해. 곧 너에게 들려줄 비유가 몇 개 더 있으니 말이야.

사람들은 예수님의 말씀을 귀 기울여 들었단다. 하지만 바리새인과 일부 유대인은 예수님을 나쁘게 여겼어. 어떤 사람들은 예수님에게 해를 입히고, 또 어떤 사람은 예수님을 죽일 마음을 품고 있었지.

예수님은 너무나 선하시고, 그 모습이 거룩하고 위엄이 있으셨어. 비록 가난한 사람들처럼 검소하게 입으셨지만, 그 눈빛만 봐도 예수님이 존귀한 분이라는 것을 알 수 있을 정도였단다.

어느 날 아침이야. 예수님이 '올리브 산'(감람산)에

갔다가 성전으로 돌아오셨어. 사람들은 예수님 주위에 둘러앉아 귀 기울여 말씀을 들었지. 그때 갑자기 크고 시끄러운 소리가 들리지 않겠어. 흥분한 바리새인과 율법 교사들이 한 여자를 예수님에게 끌고 온 거야. 남편이 아닌 다른 남자와 자다가 붙잡힌 여자를 말이야.

그들은 그 여자를 한가운데에 세웠어.

"선생님! 이 여자를 보십시오. 율법에 따르면, 간음한 여자는 돌로 쳐서 죽이라고 되어 있습니다. 어떻게 생각하십니까? 이 여자를 어떻게 하면 좋겠습니까?"

바리새인들은 예수님의 심판을 재촉했어.

"어서 말씀해 보세요. 어떻게 해야 합니까?"

예수님은 그 무리를 조용히 바라보셨어. 왜냐고?

예수님이 율법이 '잘못됐다' 혹은 '잔인하다'고 말하면, 그들은 당장 예수님을 고발할 태세였거든. 예수님은 몸을 굽히고 땅바닥에 손가락으로 무언가를 쓰셨어. 그들이 다시 다그치자 예수님은 몸을 펴시고 이렇게 말씀하셨지.

"당신들 중 죄 없는 사람이 맨 먼저 이 여자에게 돌을 던지시오."

그러고는 다시 몸을 구부려 땅에 글을 쓰셨어. 사람들은 어깨 너머로 땅에 적힌 글을 읽었고, 양심의 가책을 느낀 사람들이 하나둘씩 자리를 떠나기 시작했어.

결국 소란을 피우던 무리는 다 떠났어. 오직 예수님과 손으로 얼굴을 가린 그 여자만 남았지.

예수님은 부드럽게 말씀하셨어.

"그대를 고발하던 사람들은 어디 있느냐?"

그 여자가 떨며 대답했어.

"주님, 아무도 없습니다."

그러자 예수님이 말씀하셨어.

"나도 그대를 정죄하지 않겠다. 가거라. 그리고 다시는 죄를 짓지 마라."

7.

우리 주 예수님이 사람들에게 하나님의 교훈을 가르치셨을 때야. 한 율법 교사가 예수님에게 물었어.

"선생님, 제가 어떻게 해야 영원한 생명을 얻을 수 있습니까?"

예수님이 그에게 대답하셨어.

"모든 계명 중 첫째는 이것이니, 온 마음과 온 정성과 온 힘과 온 의지로 주님 곧 '너의 하나님을 사랑하라.' 그리고 둘째 계명은 이것이니 '네 이웃을 네 자신처럼 사랑하라.' 이보다 더 큰 계명은 없다."

그러자 율법 교사가 물었어.

"옳습니다. 그러면 내 이웃은 누구입니까?"

예수님은 비유를 들어 말씀하셨어.

어떤 사람이 예루살렘에서 여리고로 가던 중이었어. 그런데 강도들을 만나 모두 빼앗기고 실컷 두들겨 맞은 거야. 그때 그 길로 가던 한 제사장이 그를 발견했지. 하지만 그 사람을 피해 다른 쪽으로 도망가 버렸지 뭐야. 또 레위 사람(제사장을 보좌하고 예배 관련 일을 하는 사람)도 강도 만난 사람을 피해 갔어.

오직 사마리아 사람만이 그에게 올리브기름과 포도주를 부었고 상처를 싸매 주었지. 그리고 그 사람을 여관으로 데려가 보살펴 주었고. 다음날 그는 여관 주인에게 돈을 주고 강도 만난 사람을 잘

돌봐 달라고 부탁했어. 돈이 더 들면 돌아오는 길에 갚겠다고도 했지.

예수님이 말씀하셨어.

"너는 이 세 명 가운데 누가 강도 만난 사람의 이웃이라고 생각하느냐?"

율법 교사가 대답했어.

"사랑을 그에게 베푼 사람입니다."

예수님이 그에게 말씀하셨어.

"가서 너도 그렇게 살아라. 모든 사람이 이웃이자 형제다."

예수님이 다시 말씀하셨어.

"잔치나 결혼식에 초대받았을 때, 좋은 자리에 앉지 마라. 혹시 너보다 더 존귀한 사람이 와서, 그 자리를 요구할지 모른다. 그러면 너는 부끄럽게 일어나 낮은 자리로 가야 할 것이다. 오히려 낮은 자리에 앉아라. 그러면 주인이 와서 '친구여, 더 좋은 자리로 올라오소서'라고 말할 것이다. 그때 모든 손님들 앞에서 너의 겸손이 드러날 것이다."

이 말은 결코 교만해서는 안 된다는 뜻이지. 남을 무시하거나 으스대지 말고 항상 겸손해야 한다는 거야.

예수님은 이렇게 말씀을 마무리하셨단다.

"자신을 높이는 사람은 낮아질 것이고, 자신을 낮추는 사람은 높아질 것이다."

예수님은 또 다른 비유를 들려주셨어.

어떤 주인이 큰 잔치를 열고 많은 사람을 초대했어. 그는 하인들을 손님들에게 보내 "이제 식사가 준비되었으니 오십시오"라고 알렸지. 그런데 사람들은 하나같이 핑계를 대며 거절했어.
어떤 사람은 말했어. "나는 밭을 샀는데 그걸 살펴보아야 합니다." 다른 사람은 "나는 소 다섯 쌍을 샀는데 그것들을 돌봐야 합니다" 했고. 또 다른 사람은 "나는 최근에 결혼했기 때문에 갈 수 없습니다" 했어. 이 말에 몹시 화가 난 잔치 주인은 하인에게 말했어.

"어서 거리로 나가 골목과 큰길 구석구석을 다니며, 가난한 사람, 말 못하는 사람, 보지 못하는 사람, 절뚝거리는 사람들을 불러 빈 자리를 채워라."

예수님이 이 비유를 통해 무엇을 알려주시는 걸까? 자기 이익과 즐거움을 생각하느라 하나님에게 무관심하거나 초대를 받고도 가지 않으면 천국에 들어갈 수 없어. 그 초대에 응한 사람만이 들어갈 수 있거든. 겸손하게 초대에 응한 사람들은 하나님의 은혜를 누릴 수 있단다.

어느 날 예수님이 여리고를 지나가실 때야. 어떤 남자가 사람들 머리 위로 솟아오른 나무에서 예수님을 내려다보고 있었어. 그는 키가 작아서 사람들 사이에서는 예수님을 볼 수 없었거든. 그의 이름은 삭개오야. 그는 사람들에게 세금을 걷는 세리(세금원)였지. 당시 사람들은 세리를 로마의 앞잡이며 부정직한 사람이라고 생각해서 싫어했단다.

나무 위에 올라간 삭개오를 예수님이 발견하시고 말씀하셨어.

"삭개오야, 오늘 네 집에 가서 밥을 먹자꾸나."

뜻밖의 말에 삭개오는 뛸 듯이 기뻐했어. 그러나 바리새인들과 율법 학자들은 못마땅하게 여겼지.

"죄인과 함께 밥을 먹다니!"

예수님은 그들에게 '탕자 이야기'를 들려주셨어.

어떤 아버지에게 두 아들이 있었어. 어느 날 둘째 아들이 아버지에게 말했지.

"아버지, 제 몫의 유산을 미리 주세요. 제 맘대로 쓰고 싶습니다."

아버지가 재산을 주자, 아들은 유산을 가지고 먼 나라로 떠났어. 그 뒤 아들은 흥청망청 돈을 썼고 금세 바닥나 버렸어. 그때 그 나라에는 큰 기근이 들어 먹을 것이 부족했지. 옥수수와 온갖 농작물이 다 시들어 버렸어. 둘째 아들은 결국 먹을 것을 구하기 위해 돼지 치는 일을 해야 했어. 돼지의 먹이인 '쥐엄 열매'도 먹지 못하는 날이 많았단다.

그는 한숨을 내쉬며 말했어.

"우리 아버지 집에는 먹을 것이 넘치는데, 나는 매일 굶는구나! 이제 아버지께 돌아가야겠어. 아버지께 죄를 지었으니 그저 일꾼으로 써달라고 해야겠어."

그렇게 고생하던 둘째 아들은 아버지의 집으로 돌아갔어. 아버지한테 벌 받을 생각을 하면서 말이야. 그런데 이게 웬일이야. 아버지가 거지꼴인 아들을 알아보고 한달음에 달려와 그를 끌어안고 울며 입을 맞추지 뭐야. 그러고는 종들에게 이렇게 말했어.

"둘째 아들에게 가장 좋은 옷을 입히고, 큰 잔치를 준비하거라. 잃었던 아들을 다시 찾지 않았느냐!"

그렇게 아버지는 아들을 위해 큰 잔치를 벌였지.

그때 큰아들이 들에서 일을 끝내고 집으로 돌아오고 있었어. 집 가까이 왔을 때, 음악 소리와 큰 웃음소리가 들리자 큰아들이 하인에게 무슨 일인지 물었지.

하인이 말했어.

"둘째 아드님이 돌아왔습니다. 아버지께서 무사히 돌아온 아드님을 위해 잔치를 여셨습니다."

화가 난 큰아들은 집에 들어가지 않았어. 그 소식을 알게 된 아버지가 밖으로 나와 큰 아들을 달래었지.

큰아들이 말했어.

"아버지, 저는 수년 동안 아버지를 섬기며 한 번도

아버지의 명을 어긴 적이 없습니다. 그런 저를 위해서는 한 번도 잔치를 열어 주지 않으셨죠. 그런데 아버지의 재산을 헛되게 다 써버린 동생에게는 잔치를 베풀어 주시다니요. 너무 서운합니다."

아버지는 말했어.

"애야, 너는 나와 항상 함께 있고, 내 것이 다 네 것 아니냐. 그런데 잃어버린 줄 알았던 네 동생이 돌아왔으니, 우리가 잔치를 열어 기뻐해 주는 것이 당연하지 않겠니?"

예수님은 왜 이러한 비유를 들려주셨을까? 세상에는 죄를 짓고 하나님을 모르고 사는 사람들이 많거든. 그런 사람들이라도 자신의 죄를 뉘우치고 돌아오면, 하나님은 그들을 기꺼이 받아주신다는 걸 알려 주시는 거야.

그런데 바리새인들은 예수님의 가르침을 듣고 비

웃었단다. 그들은 자기들이 다른 사람들보다 훨씬 더 뛰어나다고 생각했거든. 예수님은 그들에게 '부자와 나사로' 이야기를 들려주셨지.

한 부자가 있었어. 날마다 화려한 명품을 입고 비싸고 좋은 음식을 먹을 정도로 큰 부자였지. 그런데 그 부잣집 앞에 나사로라는 거지가 누워 있었어. 나사로는 온몸에 종기가 가득했어. 얼마나 종기가 많은지, 개들이 와서 그 종기를 핥을 정도였어. 나사로는 날마다 배를 채우기 위해 부자에게 남긴 부스러기라도 달라고 구걸했지.
그러던 어느 날, 나사로는 죽었어. 천사가 죽은 나사로를 데려가 아브라함의 품에 안기지 뭐야. 얼마 뒤 부자도 죽어서 장례를 치렀어. 불행하게도 부자는 뜨거운 지옥에서 괴로워하며 살고 있었지. 그는 멀리 아브라함과 그 품에 안긴 나사로를 보고 외쳤어.

"아버지 아브라함이여, 저를 불쌍히 여겨 주십시

오! 나사로를 보내 그의 손끝에 물을 적셔 제 혀를 시원하게 해 주십시오. 제가 이 불길 속에서 너무나 괴롭습니다!"

그러자 아브라함은 말했어.

"아들아, 너는 살아 있는 동안 좋은 것을 받았고, 나사로는 고통에 시달리지 않았니? 이제 그는 위로를 받고, 너는 고통을 받는 것이다."

예수님은 남을 무시하는 바리새인들의 태도를 나무라셨어. 그들에게 또 다른 이야기를 들려주셨지.

두 사람이 성전에 기도하러 올라갔어. 하나는 바리새인이고 다른 하나는 세리였지. 바리새인은 이렇게 기도했어.

"하나님, 나는 다른 사람들처럼 잘못을 저지르지도 않고, 이 세리처럼 악하지도 않음을 감사합니다!"

그러나 세리는 멀리 서서 감히 하늘을 쳐다보지도 못하고, 가슴을 치며 말했어.

"하나님, 죄인인 저를 불쌍히 여겨 주십시오!"

예수님은 이렇게 말씀하셨어.

"하나님은 세리의 기도를 기뻐하신다. 왜냐하면 그는 겸손하고 낮은 마음으로 기도했기 때문이다. 자기를 높이는 사람은 낮아지고, 자기를 낮추는 사람은 높아질 것이다."

예수님의 이야기를 들은 바리새인들은 몹시 화를 냈어. 그래서 첩자들을 보냈지. 그들은 예수님이 율법을 어기는 말을 하도록 유도했어. 함정에 빠뜨리려고 말이야.

그 당시 나라를 다스리던 황제, 즉 '가이사'(Caesar, 로마 황제를 가리키는 말)는 모든 백성에게 세금을 내도록 했어. 그 명령을 지키지 않는 사람은 처벌을 받았지. 그런데 예수님이 세금을 내야 한다고 말하면 로마에 굴복한다며 유대인들의 비난을 받을 수 있었어. 첩자들은 예수님이 가이사의 명령을 어기는 말을 하길 바랐지. 황제에게 고발해서 예수님을 반역자로 몰려고 했던 거야. 그들은 겸손한 척하며 예수님에게 물었어.

"선생님, 당신은 하나님의 진리를 올바르게 가르치시며, 사람의 신분이나 재산을 보고 차별하지 않으십니다. 그런데 우리가 가이사에게 세금을 바치는 것이 옳은 일입니까?"

예수님은 그들이 원하는 대로 말씀하셨을까? 예수님은 그들의 속셈을 아시고 "왜 그것을 묻느냐? 동전 하나를 가져오라" 하셨어.

그들이 동전을 가져오자 예수님이 물으셨지.

"이 동전에 누구의 얼굴과 이름이 새겨져 있느냐?"
"가이사입니다."

예수님은 말씀하셨어.

"가이사의 것은 가이사에게, 하나님의 것은 하나님께 바치라."

그들은 아무 말도 못하고 물러가야 했어. 예수님의 지혜로운 대답에는 꼬투리를 잡을 만한 것이 없었거든. 예수님은 그들이 자신을 죽이려고 음모를 꾸미고 있다는 길 알고 계셨으니까. 자신이 곧 죽임을 당하게 될 것도 말이야.

어느 날 예수님은 성전에서 헌금함에 사람들이 헌금을 넣는 모습을 눈여겨보고 계셨어. 사람들은 가난한 사람들을 돕기 위해 헌금을 하고 있었던 거야. 부자들도 많은 돈을 넣었지. 그때 가난한 과부가 와서, 동전 두 개(아주 적은 돈)를 넣고 조용히 자리를 떠났어.

예수님은 제자들을 불러 말씀하셨어.

"이 가난한 과부가 오늘 가장 많은 헌금을 했다. 다른 사람들은 가진 것 중 얼마를 떼어 냈지만, 이 여인은 자기가 가진 모든 것, 오늘 먹을 음식을 살 돈까지도 하나님께 드렸다. 그녀는 정말로 마음을 다해 드린 것이다."

우리는 남을 도울 때, 가난한 과부의 마음을 기억해야 한단다.

베다니(예루살렘과 가까운 마을)에 사는 나사로가 큰 병에 걸렸어. 나사로는 마리아와 마르다의 오빠로, 예수님은 예루살렘으로 가실 때 종종 나사로의 집에 들르곤 하셨어. 그의 누이 마르다와 마리아는 몹시 걱정돼 예수님께 사람을 보냈지.

"예수님, 주님이 사랑하시는 나사로가 병들어 거의 죽게 되었습니다."

그런데 이 소식을 듣고도 예수님은 이틀 동안 가지 않으시는 거야. 그런 후에 예수님은 제자들에게 말씀하셨어.

"나사로가 죽었다. 이제 베다니로 가자."

예수님과 제자들이 도착했을 때는 이미 나사로가 죽은 지 나흘이나 지났지 뭐야. 게다가 무덤에 묻힌 상태였고.

마르다는 예수님이 오신다는 소식을 들었어. 사람들의 위로를 받던 마르다는 서둘러 예수님을 맞으러 나갔지. 여동생 마리아는 집 안에 남아 울고 있었고.

마르다는 예수님을 보자마자 울음을 터뜨리며 말했어.

"주님께서 여기 계셨더라면 제 오빠가 죽지 않았을 것입니다."

예수님이 대답하셨어.

"네 오빠는 다시 살아날 것이다."

"주님, 마지막 날 부활 때에 다시 살아날 것을 제가 압니다. 저도 믿습니다."

"나는 부활이요 생명이다. 네가 이것을 믿느냐?"

"예, 주님. 제가 믿습니다."

마르다는 곧장 집으로 달려가 마리아에게 "선생님이 오셨어!"라고 전했어. 마르다의 말에 마리아는 자리에서 일어났어. 그러고는 예수님에게 달려가 발 앞에 엎드려 울었단다. 사람들도 그 뒤를 따라갔지.

예수님은 슬퍼하는 마리아를 보시고 눈물을 흘리셨어.

"그를 어디에 두었느냐?"

예수님이 물으셨어.

지켜보던 사람들이 대답했지.

"주님, 와서 보소서."

동굴 안에는 나사로가 있었고, 입구는 큰 돌로 막혀 있었어. 예수님은 사람들에게 그 돌을 치우라고 명하셨고, 사람들은 그대로 따랐지.
그뒤 예수님은 하늘을 우러러보셨어. 하나님께 감사를 드린 다음, 엄숙하고 큰 소리로 외치신 건 다음이었어.

"나사로야, 나오너라!"

그러자 무덤에 누워 있던 나사로가 자리에서 일어나 두 다리로 걸어서 사람들 앞으로 나오지 뭐야. 그러고는 마르다, 마리아와 함께 집으로 돌아갔지. 정말 놀랍고도 감격스럽지 않니? 기적을 본

많은 사람들은 예수님이 진짜 하나님의 아들이시라고 믿었어. 세상을 구원하러 오신 분이라는 것을 말이야.

그런데 어떤 사람들이 바리새인들에게 달려가 이 일을 고자질했지 뭐야. 바리새인들은 사람들이 예수님을 믿지 못하도록 예수님을 죽이기로 뜻을 모았단다.

때마침 유월절(이집트에서 탈출한 사건을 기념하는 절기)이 다가오고 있었어. 그들은 예수님이 예루살렘에 들어오기만 하면 당장 붙잡으려고 벼르고 있었지.

유월절 엿새 전이야. 예수님은 나사로의 가족과 함께 식사를 하셨어. 그런데 갑자기 마리아가 자리에서 일어나는 거야. 그리고 매우 귀하고 값비싼 '나드' 향유를 가져와서는 예수님의 발에 붓지 뭐야. 그러고는 향유 부은 발을 자신의 머리카락으로 정성스레 닦았어. 향유의 향기가 얼마나 그 윽한지 온 집안에 가득 찼단다.

그런데 제자 중 하나인 가롯 유다가 마리아에게 핀잔을 주었어.

"이 향유를 삼천 만 원에 팔아서 가난한 사람들에게 나누어 주면 좋았을 텐데!"

당시 유다는 돈 계산을 하는 회계였거든. 하지만 공동으로 모은 돈을 함부로 사용하는 도둑인 줄은 아무도 몰랐지. 그는 그때부터 예수님을 대제사장들에게 넘길 계획을 세웠단다.

유월절이 가까워지자, 예수님은 제자들과 함께 예루살렘으로 향하셨어. 예루살렘 근처에 이르렀을 때였어. 예수님이 두 제자에게 맞은편 마을로 가서 매여 있는 나귀를 풀어서 데려오라고 하시는 거야. 예수님은 제자들이 끌고 온 나귀를 타고 예루살렘에 들어오셨지.

예수님이 지나가실 때였어. 많은 사람들이 겉옷을 길가에 펼쳤어. 또 푸른 나뭇가지를 꺾어 길에 깔며 "호산나! 다윗의 자손이여!"라고 외치기도 했지. 다윗이 누구냐고? 다윗은 이스라엘의 위대한 왕이었단다.

"찬양받으시기를, 주님의 이름으로 오시는 이여!

이분은 나사렛 예언자 예수입니다!"

다음 날 예수님은 성전에 들어가셨어. 성전 앞에는 여러 장사꾼들로 가득했지. 화가 나신 예수님

이 돈 바꾸어 주는 사람들과 비둘기 파는 사람들을 쫓아내시며 말씀하셨어.

"내 아버지의 집은 기도하는 집이다. 그러나 너희는 이곳을 강도의 소굴로 만들었다!"

장사꾼들이 사라지자, 예수님은 시각장애인과 지체장애인들을 고쳐 주시기 시작했어. 지켜보던 사람들과 아이들이 소리쳤어.

"호산나! 다윗의 자손이시여!"

대제사장들과 율법 교사들, 바리새인들은 더더욱 예수님을 미워했어. 그래도 예수님은 계속해서 병든 자를 고치시고 선한 일을 행하셨단다.

어느덧 유월절 전날이 되었어. 예수님과 그 일행은 예루살렘에서 가까운 베다니에 묵으셨지. 예수님은 베드로와 요한을 보내며 말씀하셨어.

"예루살렘 성 안으로 들어가면 물동이를 메고 가는 사람을 만나게 될 것이다. 그를 따라 그의 집으로 가서 '선생님이 제자들과 함께 유월절 음식을 먹을 방이 어디냐고 물으셨습니다' 하라. 그러면 그 사람이 잘 정돈된 큰 다락방을 보여 줄 것이니, 거기서 유월절 만찬을 준비하라."

제자들은 예수님이 말씀하신 대로 행하고, 만찬도 준비했어. 저녁이 되자 예수님과 제자들은 그곳에서 함께 식사를 했어. 바로 '최후의 만찬'이라 부르는 식사야. 예수님이 마지막으로 제자들과 함께 음식과 음료를 나눈 식사 시간 말이야.

예수님은 도중에 자리에서 일어나 수건을 두르셨어. 그러고는 대야의 물로 제자들의 발을 씻기시고, 수건으로 닦아 주셨지. 베드로는 예수님이 자신의 발을 씻기시는 것을 막으려 했어. 왜냐고? 선생님이신 예수님이 제자인 자기의 발을 닦는다는 것이 너무 죄송스러웠거든. 예수님은 베드로

의 발도 정성껏 닦아 주셨어.

예수님은 제자들에게 이렇게 말씀하셨어.

"너희들이 이 일을 기억하여 서로에게 언제나 친절하고 온유하게 대하며, 교만하거나 악한 마음을 품지 않기를 바란다."

예수님은 빵을 들어 감사기도를 드리고 제자들에게 나누어 주시며 말씀하셨어. "이것은 나의 몸이다." 또 포도주 잔을 들어 감사기도를 드리고 제자들에게 나눠 주시며 "이것은 많은 사람들을 위해 흘리는 언약의 피다"라고 하셨지.

예수님은 슬픈 표정을 지어 보이셨어. 그러다가 제자들을 둘러보시며 말씀하셨지.

"여기에 나를 배반할 자가 있다."

제자들은 서로를 바라보며 그가 누구인지 궁금해 했어.

"주님, 제가 그 사람입니까?"
"제가 그 사람입니까?"

예수님은 이렇게 대답하셨어.

"나를 배반할 자의 손이 지금 상 위에 있다."

그때 예수님 바로 곁에 요한이 기대앉아 있었어. 베드로가 그에게 손짓하며 배반자가 누구인지 여쭤보라고 했고, 그는 여쭈었어.

예수님은 말씀하셨어.

"내가 빵 조각을 적셔서 주는 그 사람이 바로 그다."

예수님은 빵 조각을 적셔서 가룟 유다에게 건네시며 말씀하셨어.

"네가 하려는 일을 어서 하여라."

제자들은 예수님의 말이 무슨 뜻인지 몰라 어리둥절해했어. 하지만 빵 조각을 받아든 유다는 곧바로 밖으로 나갔지. 칠흑같이 어두운 밤인데 말이야. 왜 나갔느냐고? 예수님이 자기의 악한 계획을 다 알고 계시다는 사실을 알아차렸거든.

유다는 곧장 대제사장들에게 가서 말했어.

"내가 그를 당신들에게 넘겨주면 무엇을 주겠소?"

그들은 은 서른 개를 주기로 약속했어. 유다는 그 대가로 예수님을 넘겨주겠다고 했지.

9.

유다가 나간 뒤 예수님이 말씀하셨어.

"오늘밤 내가 병사들에게 체포될 것이고, 너희들은 모두 도망칠 것이다."

깜짝 놀란 베드로가 단호하게 말했어.

"모두 그런다 해도 저는 결코 주님을 버리지 않겠습니다!"

예수님은 그에게 말씀하셨어.

"오늘밤 닭이 울기 전에, 네가 나를 세 번 모른다고 할 것이다."

그러나 베드로는 다시 힘주어 말했어.

"아니오, 주님! 내가 주와 함께 죽을지언정 결코 주를 모른다고 하지 않을 것입니다!"

다른 제자들도 모두 똑같이 주장했어.

예수님은 제자들과 함께 기드론 시내를 건너 겟세마네 동산으로 가셨어. 예수님이 자주 기도하시던 곳이야. 거기에서 예수님은 세 명의 제자들을 따로 데리고 조용한 곳으로 가시더니 그들에게 말씀하셨지.

"너희들은 여기 머물러 나와 함께 깨어 있어라. 시험에 빠지지 않도록 기도하여라."

예수님은 그들과 떨어져 혼자 기도하셨어. 하지만 제자들은 너무 피곤해 잠에 빠지고 말았지.

홀로 계신 예수님은 몹시 괴로워하며 슬픔에 잠기셨어. 세상 모든 사람들의 죄를 대신 짊어지고 죽어야 하셨거든. 사람들은 스스로 죄 문제를 해결

할 수 없었기에 예수님이 대신 죄의 벌을 받으셔야 했지. 하나님과 사람 사이를 잇는 유일한 분이 예수님이야. 예수님은 하나님과 단절될 생각에 외롭고 괴로우셨을 거야. 예수님은 하나님 앞에서 눈물을 흘리며 간절히 기도하셨어. 얼마나 간절했는지 땀이 핏방울같이 뚝뚝 떨어질 정도였지.

기도 후, 예수님은 제자들에게 돌아와서 말씀하셨어.

"일어나라! 가자! 나를 넘겨줄 자가 가까이 왔다."

그 무렵 가룟 유다는 군인들, 경비병들과 함께 겟세마네 동산으로 오고 있었어. 예수님이 자주 제자들과 함께 기도하셨던 그곳을 알고 있었으니까. 예수님이 "나를 넘겨줄 자가 가까이 왔다"라고 말씀하셨을 때였어. 유다가 군인들과 경비병들을 데리고 그 동산에 나타났지 뭐야. 대제사장들과 바리새인들이 보낸 사람들이었지.

캄캄한 어둠 속에서 등불과 횃불에 비친 그들의 모습이 드러났어. 손에는 칼과 몽둥이를 든 채였지. 왜 밤에 왔느냐고? 낮에는 백성들이 예수님을 체포하는 것을 막을 테니까. 그래서 어둠 속에서 몰래 예수님을 체포하려 한 거야.

군인들을 이끄는 대장은 예수님을 한 번도 본 적이 없었어. 그래서 가룟 유다는 "내가 입 맞추는 사람이 바로 그다"라고 미리 귀띔을 해두었지.

예수님이 먼저 물으셨어.

"너희가 누구를 찾느냐?"

그들이 대답했어.

"나사렛 예수를 찾습니다."

예수님이 말씀하셨어.

"내가 그다."

그때 유다가 "안녕하십니까, 선생님!" 하며 예수님께 입을 맞추지 않겠어.

"유다야, 네가 입맞춤으로 나를 배반하느냐?"

예수님이 슬퍼하며 말씀하셨어. 동시에 병사들이 예수님에게 달려들었지.

그때였어. 칼을 빼든 베드로가 대제사장의 종 말고의 오른쪽 귀를 베어버렸지 뭐야. 예수님이 베드로에게 말씀하셨어. "네 칼을 도로 집어넣어라."

예수님은 그들을 피할 수 있었지만, 스스로 그들에게 자신을 내어주신 거란다. 그 순간 제자들은 모두 부리나케 도망쳤고, 예수님 곁에는 아무도 없었지. 단 한 사람도 예수님과 함께 있지 않았단다.

10.

군인들은 예수님을 대제사장 가야바의 집으로 끌고갔어. 그 뒤를 베드로와 요한이 따라갔지. 그곳에는 예수님을 심문할 율법 교사들과 장로들이 모여 있더라고.

안으로 들어가려는데, 요한은 통과할 수 있지만, 베드로는 안 된다지 뭐야. 요한은 대제사장과 아는 사이였거든. 먼저 안으로 들어온 요한이 문지기 하녀에게 베드로를 들여보내 달라고 부탁했어.

그런데 문지기 하녀가 베드로를 유심히 바라보더니 이렇게 말하는 거야.

"당신은 예수의 제자 중 하나가 아닌가요?"

베드로는 고개를 저었어.

"나는 아니오."

그제야 베드로는 안으로 들어올 수 있었지.

몸속으로 한기가 파고드는 추운 밤이었어. 베드로가 불 쪽으로 걸어가니, 종들과 경비병들이 서서 몸을 녹이고 있더라고. 그중 몇몇 사람들이 베드로를 자세히 보더니 한 사람이 이렇게 묻네.

"당신도 그 제자들 중 하나가 아니오?"

베드로는 시치미를 뗴었어.

"나는 아니오."

그런데 한 사람이 베드로를 알아 봤지 뭐야. 베드로가 칼로 귀를 잘랐던 사람의 친척이었거든. 그가 눈을 치켜 뜨며 말했어.

"당신이 예수와 함께 겟세마네 동산에 있던 것을 내가 분명히 보았소."

흠칫했지만, 베드로는 태연하게 대답했지.

"나는 그 사람을 알지 못하오!"

그때였어. 어디선가 닭 우는 소리가 들리는 게 아니겠어.

베드로는 고개를 돌린 예수님과 눈이 딱 마주쳤어. 그제야 베드로는 예수님이 "닭 울기 전에 네가 나를 세 번 부인할 것이다" 하신 말씀을 기억해 냈지. 급히 밖으로 뛰어나간 베드로는 자신의 잘못을 후회하며 소리내어 울었단다.

잠시 뒤 대제사장은 예수님에게 물었어.

"백성들에게 무엇을 가르쳤느냐?"

예수님이 대답하셨어.

"모든 사람들 앞에서, 회당과 거리에서 항상 가르쳤다. 그들에게 무엇을 배웠는지 물어보라."

그때 지켜보던 경비병이 예수님의 뺨을 후려치지 뭐야. 대제사장에게 예의 없게 굴었다면서 말이야. 몇 명의 거짓 증인들도 예수님을 죄인으로 몰기 위해 이 말 저 말 해댔어.

"이 사람이 하나님의 성전을 헐고 사흘 만에 다시 짓겠다고 말했습니다."

"저도 들었습니다."

그런데 사람들의 증언은 서로 말이 맞지 않았어. 예수님은 가만히 듣고 계셨지. 대제사장들과 원로들은 어떻게든 예수님을 죄인으로 만들려고 했지만 아무런 증거도 나오지 않는 거야. 결국 율법교사들과 대제사장들은 그가 하나님의 이름을 욕보였다는 죄를 씌워 죽이기로 했지. 그들은 예수님께 침을 뱉으며 마구 때렸단다.

한편 가룟 유다는 예수님이 사형 선고를 받자 충격과 후회에 빠졌어. 자기가 얼마나 큰 잘못을 저질렀는지 알게 된 거야. 유다는 은 삼십 개를 다시 대제사장들에게 가지고 가서 말했어.

"내가 죄 없는 사람의 피를 팔아넘겼소! 이 돈을 가져가시오!"

그는 돈을 성전 바닥에 내던지고, 스스로 목숨을 끊고 말았지. 대제사장들은 그 돈으로 나그네를 위한 공동묘지를 샀어. 그 땅의 원래 이름은 '토기장이의 밭'이었지만, 사람들은 그 후로 그곳을 '피의 밭'이라 불렀단다.

예수님은 로마 총독의 공관으로 끌려 갔어. 본디오 빌라도가 당시의 총독이었단다. 총독이 뭐냐고? 총독은 당시 유대인을 다스리는 최고로 높은 사람이야.

빌라도는 예수님에게 이렇게 말했어.

"유대인들과 대제사장들이 당신을 내게 넘겼소. 당신이 무슨 일을 했기에 내게 넘긴 것이오?"

빌라도는 예수님에게서 어떤 잘못도 찾지 못하자 유대인들에게 물었어.

"당신들은 이 사람을 무슨 일로 고소하려고 하느냐?"

유대인들은 소리쳤어.

"그가 사람들에게 거짓되고 해로운 가르침을 퍼뜨렸습니다."

"갈릴리에서부터 시작하여 지금까지 그렇게 해

왔습니다!"

빌라도는 다시 말했어.

"나는 이 사람에게서 아무런 잘못도 찾지 못했다. 그를 헤롯에게 보내라!"

당시 갈릴리는 헤롯왕이 다스렸기에 빌라도는 예수님을 그에게 보냈어. 사람들은 예수님을 헤롯 앞으로 데려갔어. 무장한 군인들이 헤롯을 둘러싸고 있더라고. 헤롯은 예수님에게 이것저것 물었지만 예수님은 아무 대답도 하지 않으셨어. 지켜보던 대제사장들과 율법 교사들이 예수님을 죄인으로 몰았어. 헤롯은 예수님을 놀리듯 화려한 옷을 입혀서는 다시 빌라도에게 돌려보냈지.

빌라도는 다시 대제사장들과 백성들을 불러 모아 말했어.

"나는 이 사람에게서 아무런 잘못도 찾을 수 없었다. 헤롯도 마찬가지였기에 다시 나에게 데려왔겠지. 그는 사형당할 만한 죄를 지은 일이 없다. 그를 풀어 주겠다."

그러나 사람들은 고함을 쳤어.

"그렇지 않습니다! 그는 죄가 있습니다!"
"그를 죽이시오!"

빌라도는 사람들이 격렬하게 외치자 마음이 몹시 괴로웠어. 그가 재판석에 앉아 있을 때 그의 아내가 사람을 보내 이렇게 전했지.

"그 죄 없는 분의 일에 끼어들지 마세요. 어제 꿈에 제가 그 사람 때문에 몹시 괴로웠어요."

빌라도는 예수님을 풀어 주고 싶었어. 그 당시 유월절에는 죄수 한 명을 풀어 주는 관례가 있었단다. 그래서 백성들을 설득하려 했지만 소용없더라고.

백성들은 대제사장들과 원로들이 시키는 대로 외쳤어.

"바라바를 풀어 주십시오!"
"예수를 십자가에 못 박으세요!"

바라바는 악질 범죄자야. 많은 죄를 지어서 곧 사형될 처지였지.

빌라도는 흥분한 사람들이 폭동을 일으킬까 봐 걱정되었는지 괴로운 표정을 지었어. 그러다가 예수님을 채찍질해 군인들에게 넘겨주었지 뭐야. 군인들은 가시로 엮은 관을 예수님의 머리에 씌웠어. 또 자주색 옷을 입힌 뒤 예수님에게 침을 뱉고 손으로 때리며 조롱했지.

"유대인의 왕 만세!"

군인들은 낄낄거리며 예수님을 비웃었어. 채찍으로 예수님을 때리며 모진 고통도 주었지. 예수님은 그 모든 것을 인내하셨단다.

빌라도는 또다시 예수님을 유대인들 앞에 데리고 나와 말했어. 예수님은 가시관을 쓰고 자주색 옷을 입으신 채였지.

"보라, 이 사람이다!"

대제사장들과 경비병들이 고함쳤어.

"그를 십자가에 못 박으시오! 못 박으시오!"

빌라도가 말했어.

"너희가 직접 데려다가 십자가에 못 박아라. 나는 그에게서 아무 잘못도 찾아낼 수가 없구나."

그러자 유대인들은 소리쳤어.

"그는 자신을 하나님의 아들이라 했습니다. 우리 율법에 따르면, 이 사람은 마땅히 죽어야 합니다!"
"맞습니다. 그는 자기를 유대인의 왕이라 불렀습니다. 그것은 로마법에 어긋납니다. 우리는 가이사 외에 왕이 없습니다."

"옳소! 그를 놓아 주면 당신은 가이사의 충신이 아니오! 십자가에 못 박으시오! 못 박으시오!"

빌라도는 더 이상 그들을 설득할 수 없었어. 그는 물을 가져오라 명령하고 사람들 앞에서 손을 씻으며 말했어.

"나는 이 의로운 사람의 피에 대하여 책임이 없다. 이 일은 너희가 책임을 지라."

빌라도는 예수님을 넘겨주며 십자가에 못 박으라고 했어. 사람들은 고래고래 환호성을 질렀어. 예수님을 에워싸고 조롱하기도 하고 욕을 퍼붓기도 했어. 군인들에게 끌려가던 예수님은 그들을 위해 하나님께 기도하셨단다.

11.

사람들이 왜 예수님을 십자가에 못 박으라고 했는지 잘 모르겠다고? 지금부터 그 당시의 풍습을 알려 줄게.

예수님은 매우 잔인한 시대에 사셨어(이제는 그런 시대가 지났다는 것을 하나님과 예수 그리스도께 감사드려야 한단다!). 당시 사형 선고를 받은 사람은 커다란 나무 십자가에 두 팔과 다리가 못 박혔어. 그는 십자가에 매달려서 뜨거운 햇볕과 바람을 맞고, 밤에는 매서운 추위 속에 떨다가 서서히 죽어갔단다. 또 죄수가 처형장까지 자신이 못 박힐 십자가를 지도록 했어. 모진 고통과 부끄러움을 주기 위해서 말이야.

예수님은 가장 비천하고 악한 죄인 취급을 받으셨어. 자신의 어깨에 십자가를 지시고, 조롱하는 무리에게 둘러싸인 채 골고다로 향하셨어. 골고다는 히브리어로 '해골의 장소'라는 뜻이란다.

골고다 언덕에 이르자, 군인들은 그분의 손과 발을 십자가에 못 박았어. 그리고 십자가를 언덕 위에 세워 두었지. 예수님의 왼쪽과 오른쪽에는 두 명의 강도가 못 박혀 있었어. 빌라도는 예수님의 머리 위에 이런 글귀를 써서 붙였어.

"유대인의 왕, 나사렛 예수."

이 글은 히브리어, 그리스어, 라틴어 세 언어로 기록되었단다.

네 명의 군인들은 십자가에 못 박힌 예수님 아래에서 그의 옷을 넷으로 나누어 하나씩 가졌어. 그러고는 속옷은 누가 가질지를 두고 제비를 뽑았고. 그 사이 예수님의 고통은 점점 심해지고 있었단다.

군인들은 쓸개즙이 섞인 포도주를 예수님의 입에 갖다 대며 조롱했어.

"너 자신이나 구원해 보시지!"

예수님은 그 포도주를 입에 대지 않으셨어. 그런데 지나가던 악한 사람들도 예수님을 조롱하지 뭐야.

"네가 하나님의 아들이라면, 십자가에서 내려오라!"

대제사장들 역시 조롱했어.

"저 자는 죄인들을 구원한다고 했지! 그렇다면 자기도 구원해 보라지!"

심지어 예수님과 함께 십자가에 못 박힌 두 강도 중 한 명도 예수님을 욕하는 게 아니겠어.

"네가 그리스도라면, 너 자신과 우리를 좀 구원해 보라!"

그러나 다른 강도는 간절한 마음으로 회개의 말을 했어.

"주여, 주님의 나라에 들어가실 때 저를 기억해 주세요!"

예수님이 그에게 대답하셨어.

"오늘 네가 나와 함께 낙원에 있을 것이다."

시간이 흘렀어. 십자가에 매달린 예수님 곁에는 한 제자와 네 명의 여인이 있었지. 그 사람들이 누구냐고? 네 명의 여인은 예수님의 어머니, 예수님의 이모, 글로바의 아내 마리아, 그리고 막달라 마리아였어. 한 제자는 누가 배신자인지 예수님에게 물었던 요한이었고.

예수님은 십자가 아래에 서 있는 그들을 내려다보셨어. 그러고는 요한에게 어머니를 부탁했지.

"요한아, 보라 네 어머니이시다."

그때부터 요한은 예수님의 어머니 마리아를 모셨단다.

낮 12시쯤 되었을 때야. 하늘이 어둠으로 뒤덮이더니 오후 3시까지 계속 어두웠어. 예수님이 큰 소리로 외치셨어.

"나의 하나님, 나의 하나님, 어찌하여 나를 버리셨나이까!"

예수님은 성경에 나온 대로 말씀하셨어.

"내가 목마르다."(시편 69편 21절)

곁에 있던 군인 중 하나가 이 소리를 들었어. 곧 솜 같은 해면에 신 포도주를 흠뻑 적셔서는 막대기에 매달아 예수님의 입에 대더라고. 예수님이 마른 입술을 축이시고는 말씀하셨지.

"다 이루었다!"

그리고 다시 큰 소리로 부르짖으셨어.

"아버지, 내 영혼을 아버지 손에 맡깁니다!"

그렇게 예수님은 숨을 거두셨단다.

그때 큰 지진이 일어나고, 바위들이 갈라졌지 뭐야. 그리고 성전의 휘장이 두 쪽으로 찢어지지 않겠어. 그뿐 아니었어. 바위로 막아놓은 무덤들이 열리고 죽었던 시체들이 벌떡 일어났지. 그 모습을 보고 도망치던 로마 군인들은 말했어.

"정말 예수는 하나님의 아들이셨다!"

멀리서 이 사건을 지켜 보던 사람들은(그중에는 여자들이 많았다) 가슴을 치며 몹시 슬퍼했어. 그들은 슬픈 마음을 안고 돌아갔단다.

유대인들은 십자가에 매달린 시체가 눈에 거슬렸어. 다음 날이 거룩한 안식일이었기에 시체를 치

우고 싶어 했지. 그래서 빌라도에게 시체를 내려 달라고 요청했어. 군인들은 두 강도의 다리를 부러뜨려 빨리 죽게 했어. 그러나 예수님은 이미 숨을 거두신 뒤라 다리를 꺾지 않았지. 대신 예수님의 옆구리를 창으로 찔러 피와 물이 쏟아지게 했단다.

아리마대(예루살렘 근처의 유대 도시)에 사는 요셉은 선하고 정의로운 사람이야. 그는 예수님의 제자였지만 유대 지도자들이 무서워 그 사실을 숨기고 있었어. 그런데 그가 용감하게 빌라도에게 가서 예수님의 시신을 내어 달라고 요청하지 뭐야. 빌라도가 허락하자, 요셉은 니고데모와 함께 유대인의 장례 풍습대로 예수님의 시신을 고운 삼베와 향품으로 감쌌어.

그들은 예수님의 시신을 새롭게 만든 무덤에 장사했어. 그러고는 무덤 입구를 큰 돌로 막아 놓았지. 그곳은 십자가에 못 박힌 곳에서 가까웠어. 막달라 마리아와 다른 마리아는 무덤 앞을 지키고 다른 사람들은 떠났어.

한편, 대제사장들과 바리새인들은 예수님이 제자들에게 하신 말씀을 기억해 냈어. 죽은 지 사흘 만에 다시 살아나리라 말씀하셨거든. 그래서 빌라도에게 요청했지.

"총독 각하, 예수가 살아있을 때 '내가 3일 만에 다시 살아날 것이다'라고 말한 것이 기억납니다. 그러니 3일째 되는 날까지는 무덤을 단단히 지키라고 명령해 주십시오. 그렇지 않으면 제자들이 와서 시체를 훔쳐 놓고는 백성들에게 '그가 살아났다'고 말할지도 모릅니다."

빌라도는 경비병에게 지시했어. 무덤을 돌로 단단히 막고 지키라고 말이야. 그렇게 예수님이 말씀하신 부활의 날이 다가오고 있었단다.

마침내 그날, 동틀 무렵 막달라 마리아와 몇몇 여자들이 향품을 준비해서 예수님의 무덤을 찾았지. 그들은 걱정이 이만저만 아니었어. "무덤 입구에 있는 돌덩이를 누가 굴려 주지?" 하면서 말이야.

그 무렵 갑자기 땅이 흔들리며 큰 지진이 일어났어. 그때 하늘에서 한 천사가 내려와 무덤 입구의 돌을 굴려내고는 그 돌 위에 앉았어. 천사의 모습은 눈부셨고, 옷은 눈처럼 희었지. 천사를 본 경비병들은 그만 그 자리에서 기절해 버렸어.

여인들이 도착했을 때 입구의 돌은 이미 옮겨진 뒤였어. 막달라 마리아는 급히 제자들에게 달려갔어. 그 사이에 다른 여인들은 무덤 안으로 들어갔지.

막달라 마리아는 베드로와 요한에게 이 사실을 알렸어.

"누가 우리 주님을 가져가 버렸어요! 어디에 두었는지 모르겠어요!"

그 말에 두 사람은 즉시 무덤으로 달려갔어. 베드로보다 먼저 온 요한은 무덤 안을 들여다보았어. 시체를 감쌌던 삼베를 보았지만 안으로 들어가진 않았단다. 잠시 뒤 도착한 베드로가 무덤 안으로 먼저 들어갔어. 예수님의 몸을 감쌌던 삼베는 한쪽에, 그리고 머리를 감쌌던 천은 따로 개켜 있지 않겠어. 그제야 요한도 무덤 안으로 들어왔지. 이들은 남은 제자들에게 이 사실을 알리러 돌아갔단다.

한편 막달라 마리아는 무덤 밖에 서서 울고 있었어. 왜냐고? 예수님의 시신을 도둑맞았다고 생각한 거야. 그러다 몸을 굽혀 무덤 안을 들여다보았지. 그 안에 흰 옷을 입은 두 천사가 예수님의 시신이 놓였던 자리에 앉아 있지 않겠어.

천사들이 물었어.

"여인아, 왜 우느냐?"

마리아는 대답했어.

"누군가 내 주님을 가져갔어요. 어디에 두었는지 모르겠어요."

말을 마친 마리아가 뒤를 돌아보았을 때 예수님

이 그녀 뒤에 서 계시지 뭐야. 하지만 마리아는 그분이 예수님인 줄 알아보지 못했지.

예수님이 말씀하셨어.

"여인아, 왜 우느냐? 누구를 찾느냐?"

마리아는 그가 동산지기(관리인)인 줄 알고 말했어.

"혹시 주님을 옮기셨다면, 어디에 두었는지 알려 주세요. 제가 모시고 갈게요."

그때 예수님이 "마리아야" 하고 그녀의 이름을 부르셨지. 그제야 그녀는 예수님이심을 알아보고 깜짝 놀라 외쳤어.

"랍오니!"(히브리어로 '선생님!'이라는 뜻)

예수님이 말씀하셨어.

"나를 만지지 마라. 내가 아직 아버지께 올라가지 못했단다. 너는 내 제자들에게 가서 '나는 내 아버

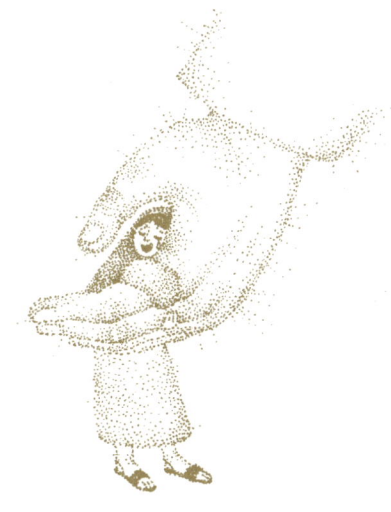

지 곧 너희 하나님께로 올라갈 것이다'라고 말하여라."

막달라 마리아는 한달음에 제자들에게 달려갔어. 안으로 들어가자마자, 숨을 헐떡이며 말했어.

"제가 부활하신 예수님을 보았어요! 예수님이 살아나셨다고요!"

마리아는 예수님이 하신 말씀도 전했어. 그러자 무덤가에 있었던 다른 여인들도 말했어.

"저희들도 무덤에서 빛나는 옷을 입은 두 사람, 아니 천사를 보았어요. 너무 놀라 엎드렸는데 천사들이 '주님께서 살아나셨다'고 말했어요. 그리고 무덤에서 돌아오는 길에 예수님을 뵙고, 그분께 경배드렸고요!"

여인들의 말을 들었지만, 제자들은 믿을 수 없다

는 표정을 지어 보였단다.

기절했던 경비병들도 자기들이 본 일을 대제사장들에게 알렸지 뭐야. 그러자 대제사장들은 그들에게 돈을 많이 주며 이렇게 말했지.

"그의 제자들이 밤에 와서 우리가 잠든 사이에 시체를 훔쳐 갔다고 말하라."

그때부터 경비병들은 부활 사건을 숨기고 거짓 소문을 퍼뜨리기 시작했단다.

그날 예수님의 제자인 시몬과 글로바가 엠마오(예루살렘 근처의 마을)로 걸어가고 있었어. 그들은 예수님의 죽음과 부활에 대해 이야기를 나누었지. 시몬은 열두 제자 중 한 사람이고, 글로바는 예수님의 또 다른 제자들 중 하나였단다. 그때 어느 결에 나타났는지 한 낯선 사람이 다가와 대화에 끼어들지 뭐야.

그 낯선 사람은 성경을 풀어 설명해 주었고, 하나님에 대해 놀라울 만큼 많은 이야기를 해주었어. 얼마나 해박한지 시몬과 글로바는 입을 다물지 못했단다.

해가 질 무렵, 그들은 엠마오에 도착했어. 시몬과 글로바는 그 낯선 사람에게 말했어.

"우리와 함께 계시지요."

그는 그 요청을 받아들여 시몬과 글로바와 함께 머물렀지.

세 사람은 함께 식탁에 앉아 저녁을 먹기 시작했어. 그런데 이게 웬일이야. 그 낯선 사람이 빵을 들어 감사기도를 드리고 시몬과 글로바에게 떼어 주시는 게 아니겠니? 최후의 만찬에서 예수님이 하셨던 것과 똑같은 방식이었어. 그제야 그들은 낯선 사람이 아니라 예수님이심을 알아차렸어.

하지만 그 순간 예수님은 온데간데없었지.

그들은 즉시 자리에서 일어나 예루살렘으로 향했어. 예루살렘에 도착하자 제자들을 찾아가 그들이 엠마오에서 예수님을 만난 이야기를 전했어.

바로 그때 예수님이 갑자기 그들 앞에 나타나셨지 뭐야!

"너희에게 평강이 있을지어다."

예수님의 말씀에 제자들은 유령인 줄 알고 무서워했어. 예수님은 그들에게 자신의 손과 발을 보여 주셨어. 그리고 예수님이 살아 있음을 증명하기 위해, 구운 생선 토막을 잡수셨지.

도마는 그날 그 자리에 없었어. 다른 제자들이 "우리가 주님을 보았어!"라고 해도 도마는 믿지 못했어. 도마는 이렇게 말했지.

"내가 그의 손에 못 박힌 자국을 보고, 내 손가락을 그 못 자국에 넣어 보며, 내 손을 그의 옆구리

에 넣어 보지 않고는 믿지 않겠어!"

8일 후에 예수님의 제자들이 다시 그 집에 모였어. 도마도 함께였지. 그런데 문이 잠겨 있었는데 예수님이 나타나셔서 그들에게 말씀하시지 뭐야.

"너희에게 평강이 있을지어다!"

그리고 도마에게 말씀하셨어.

"네 손가락으로 내 손을 만져 보고, 네 손을 내 옆

구리에 넣어 보아라. 그리고 믿음 없는 사람이 되지 말고, 믿는 사람이 되어라."

그러자 도마가 감격스러워하며 고백했어.

"나의 주님, 나의 하나님이시여!"

예수님이 도마에게 말씀하셨지.

"너는 나를 보고서 믿었지만, 보지 않고도 믿는 사람은 복이 있단다."

그 뒤 예수 그리스도께서는 오백 명의 제자가 모인 곳에 나타나셨어. 또 다른 제자들과 함께 사십 일 동안 머무셨지. 예수님은 그들에게 하나님 나라에 대해 가르치시고, 세상으로 나가 복음을 전파하라고 명령하셨어. 또한 악한 사람들의 방해를 무서워하지 말라고 격려하셨지.

마지막으로 예수님은 제자들을 데리고 예루살렘에서 베다니 근처까지 가셨어. 그리고 그들을 축복하신 후에 구름을 타고 하늘로 올라가셨고, 하나님 오른편에 앉으셨단다.

제자들이 밝은 하늘을 우러러 바라보고 있을 때, 흰 옷 입은 두 천사가 나타나 말했어.

"여러분 곁을 떠나 하늘로 올라가신 예수님은 세상을 심판하시기 위해 다시 오실 것입니다."

예수님이 하늘로 올라가신 뒤 사도들은 그분의 말씀대로 사람들을 가르치기 시작했어. 그리고 사악한 가룟 유다를 대신할 새 사도 맛디아를 뽑아 온 나라를 두루 다녔지. 그리스도의 생애와 죽음, 십자가에 못 박힘과 부활, 그리고 그분이 가르치신 교훈들을 전하면서 말이야. 그리고 예수님의 이름으로 세례를 베풀었지. 그들은 예수님이 주신 능력으로 병든 사람을 고치고, 시각장애인에게는 시력을, 언어장애인에게는 말을, 청각장애인에게는 들리는 기적을 일으켰어.

어느 날 베드로가 감옥에 갇혔는데, 천사의 도움으로 한밤중에 구출되었어. 그리고 베드로에게 거짓말을 한 아나니아와 그의 아내 삽비라가 그 자리에서 죽는 무시무시한 일도 일어났단다.

사도들은 여러 곳을 다녔는데 사람들의 방해로 많은 어려움을 겪었어. 방해꾼들 가운데 스데반을 비롯해 많은 그리스도인을 박해한 사울이라는 사람이 있었지. 그런데 하나님이 사울에게 찾아오셨지 뭐야.

사울이 체포 영장을 들고 다메섹(다마스쿠스, 현재

시리아의 수도)에 가까이 이르렀을 때였어. 하늘에서 큰 빛이 그를 비추더니 목소리가 들리는 거야.

"사울아, 사울아, 왜 나를 핍박하느냐!"

사울이 누구시냐고 물었어.

"나는 네가 핍박하는 예수다."

사울은 강렬한 그 빛 때문에 앞을 보지 못하게 되

었어. 사울과 함께 길을 가던 사람들은 그를 데리고 다메섹에 들어갔고, 그는 큰 충격을 받아 사흘 동안 먹지도 마시지도 못했지.

그 뒤 예수님이 보낸 아나니아라는 사람이 예수 그리스도의 이름으로 안수하자 그가 다시 보게 되었지 뭐야. 그때부터 사울은 그리스도인이 되어 사도들과 함께 복음을 전하는 일에 일생을 바쳤단다. 사울이 바로 우리가 잘 아는 사도 바울이야.

예수님을 믿는 사람들은 우리 구주 예수 그리스도의 이름을 따라 '그리스도인'이라 불렸어. 그분께서 십자가에서 죽으셨기에 십자가를 그리스도인을 나타내는 물건으로 삼았단다.

당시 로마나 그리스에는 거짓되고 잔혹한 종교가 가득했어. 그들은 폭력을 일삼고 자기의 유익을 위해 무슨 일이든 다 했지. 짐승들뿐만 아니라 사람들도 신전에서 희생되었으며, 그들의 피 냄새

가 신들에게 기쁨이 된다고 믿었단다.

수많은 신들을 섬기는 제사들은 하나같이 잔인하고 혐오스러웠어. 이러한 상황에서도, 기독교가 참되고 자비로우며 선한 종교임을 보여 주었지만, 옛 종교의 제사장들은 오랫동안 사람들을 부추겨 그리스도인들에게 말할 수 없는 악행을 저

질렀어. 그리스도인들은 수년에 걸쳐 교수형을 당하거나 불태워지고, 산 채로 묻히거나, 원형경기장에서 사자 같은 야수들에게 잡아먹히기도 했지. 그래서 그리스도인이 사라졌냐고? 아니야. 그리스도인들은 두려워하지 않고 계속 믿음을 지켜나갔어. 믿음을 지키면 천국에 갈 수 있다는 확신이 있었기 때문이야. 그래서 수천, 수만의 그리스도인이 일어나 사람들에게 복음을 전했고, 잔인한 죽음 앞에서도 굴복하지 않고 복음은 계속

전해졌어. 그렇게 하여 기독교는 점차 세상에서 위대한 종교로 자리 잡게 되었단다.

소중하고 사랑스러운 아이야, 잘 기억해 두렴!

그리스도인은 언제나 선을 행해야 한단다. 우리에게 잘못한 사람들에게도 선하게 대해야 해. 그리스도인은 이웃을 자기 자신처럼 사랑하고, 자

신이 대접받고 싶은 방식으로 다른 사람을 대해야 한단다.

왜냐고? 하나님의 아들인 예수님이 그러셨으니까 하나님의 자녀인 너도 그래야 하지 않겠니? 그리스도인은 마음이 온유하고, 자비로우며, 용서할 줄 알아야 해. 우리는 이러한 마음을 가지려고 애쓰고, 항상 겸손한 자세로 옳은 일을 하셨던 예수님을 드러내야 한단다.

우리가 예수님의 삶과 가르침을 기억하며 그분처럼 행동하려 애쓰면, 하나님도 우리의 죄와 실수를

용서하셔. 우리는 예수님을 믿어 구원을 받는단다. 우리는 평화롭게 살다가 하나님 나라로 갈 수 있게 되지. 하나님과 예수님이 계시고 천사의 노래가 울려 퍼지는 그곳으로 말이야.

찰스 디킨스가 친필로 작성한 원고 첫 장

THE LIFE OF OUR LORD